Sämtliche Angaben in diesem Werk erfolgen trotz sorgfältiger Bearbeitung ohne Gewähr. Eine Haftung der Autoren bzw. Herausgeber und des Verlages ist ausgeschlossen.

1. Auflage
© 2020 Servus Verlag bei Benevento Publishing Salzburg – München, eine Marke der Red Bull Media House GmbH, Wals bei Salzburg

Alle Rechte vorbehalten, insbesondere das des öffentlichen Vortrags, der Übertragung durch Rundfunk und Fernsehen sowie der Übersetzung, auch einzelner Teile. Kein Teil des Werkes darf in irgendeiner Form (durch Fotografie, Mikrofilm oder andere Verfahren) ohne schriftliche Genehmigung des Verlages reproduziert oder unter Verwendung elektronischer Systeme verarbeitet, vervielfältigt oder verbreitet werden. Gesetzt aus der Surveyor Text und Apercu Pro

Medieninhaber, Verleger und Herausgeber:
Red Bull Media House GmbH
Oberst-Lepperdinger-Straße 11–15
5071 Wals bei Salzburg, Österreich

Umschlaggestaltung, Design und Satz: wir sind artisten
Texte und Redaktion: Uschi Korda
Rezepte: Johanna Maier
Gedichte (Erstveröffentlichung) und Geschichten von Walter Müller:
»Dem Höllbacher sein Zahn« aus: Wahre Geschenke, Verlag Pfeifenberger, 2009; »Meine zwei Adventkalender« und »Krippe« (aktualisiert) aus: Engel, Engel scharenweise, Argon Verlag, 2002
Notensatz der Weihnachtslieder: Sebastian Unterberger
Bastelanleitungen auf Basis der Texte von Alice Fernau u. a.
Korrektorat: Martina Paischer
Coverfoto, Rezeptfotos und alle Fotos von Johanna Maier: Helge Kirchberger
Mode: Frauenzimmer Abtenau – Anneliese Reiter & Silke Schafleitner
Styling: Stargroup – Sandra Egger
Illustration Sternanis: d.signwerk
Fotos Innenteil: Alexi Pelekanos: S. 6/7, 19, 96, 97, 113, 121, 123, 181, 216, 220, 221; Stefan Pfeiffer: S. 11, 40, 48, 65, 85, 141, 217 und Vor- bzw. Nachsatz; Julia Schinzel: S. 28; Stefan Knittel: S. 29; Dieter Brasch: S. 30, 33; Getty Images: S. 4/5, 132 und Buchrückseite (Loops7), S. 34/35 (cunfec), S. 54 (GMVozd), S. 55 (Christoph Oberschneider/EyeEm), S. 71 (Christina Reichl Photography), S. 80 (Cavan Images), S. 94/95, 116, 120, 130/131 (Westend61), S. 98 (Leonid Sneg), S. 99 (Mimoza Gashi/EyeEm), S. 114 (Sian Cox/EyeEm), S. 134 (Grant, Stacy), S. 135 (Arx0nt), S. 150 (Pierre-Yves Babelon), S. 171 (Rosemary Calvert), S. 187 (Olga Efimova/EyeEm), S. 193 (Annie Otzen), S. 198 (Adam Fath/EyeEm), S. 226/227 (REDA&CO/Kontributor); Philipp Horak: S. 41; Katharina Gossow: S. 44, 45, 91, 100/101, 206; Eisenhut & Mayer: S. 75, 167, 168; Shutterstock: S. 81 (Veton Kurteshi), S. 115 (Natalia Paklina), Hintergrund Weihnachtslieder (Old Paper Texture); Mauritius Images/Pitopia: S. 82; Pixabay: S. 86; Magdalena Lepka: S. 102, 103, 172; Alamy: S. 108, 214/215 (Coen Weesjes), S. 162/163 (Yuriy Brykaylo); Picturedesk: S. 122 (Lisa und Wilfried Bahnmüller/Westend61), Christian Kerber/laif, S. 148/149, 178 (Hans Huber/Westend61), S. 174 (Barbara Gindl/APA), S. 177 (Franz Pritz); iStockphoto: S. 122 (Pani_Ayanna), S. 147 (golero), S. 199 (Anita Stizzoli); Flora Press: S. 170 (Martin Hughes-Jones), S. 173 (Daniela Kunze), S. 191 (Caroline Bureck); imago images/imagebroker/riedo: S. 190; Michaela Gabler: S. 194, 195; Michael Reidinger: S. 203; Museum Schloss Ritzen, Saalfelden: S. 204, 205. Alle anderen Fotos: Helge Kirchberger

Printed in Austria by Buchdruckerei Lustenau
Gedruckt auf PERGRAPHICA® Classic Rough 120 g/m². Mit Liebe in Österreich produziert bei Mondi.
ISBN 978-3-7104-0259-3

Johanna Maier

Mein Weihnachten

Ein Streifzug
durch den Advent

LIEBE LESER, LIEBE LESERINNEN,

der Duft von Weihnachten, der kann vieles sein. Für manche riecht der Advent nach Schnee, für manche nach Schokolade, nach Orangen oder Bratäpfeln.

In jedem Fall aber löst er ein wohlig warmes Gefühl der Erinnerung an die Kindheit aus. Erinnerungen an eine zauberhafte Zeit, voller Wunder und Mysterien, die die Fantasie beflügelten und für die es keine Erklärungen gab. Mit dem Gefühl der grenzenlosen Vorfreude und des gespannten Wartens auf alles, was da noch kommen mochte, gepaart mit der Gewissheit, dass es etwas Schönes, etwas Wunderbares sein würde.

Für mich wird Weihnachten immer nach Zimt und Vanille duften und mich an meine Oma erinnern. Ich möchte Ihnen auf den folgenden Seiten etwas über diese besinnliche Zeit in meiner Kindheit erzählen, in der für mich viele Geschichten und Traditionen prägend waren. Ich erzähle Ihnen auch, wie ich dann als junge Frau versucht habe, trotz jeder Menge Arbeit diese wunderbare Stimmung und das Zauberhafte des Advents meinen Kindern weiterzugeben. Und Sie erfahren, wie ich das heute als Oma mit meinen Enkeln so richtig genießen kann.

Weihnachten – das ist natürlich auch mit Bräuchen verbunden, von denen manche sich aus Ritualen in grauer Vorzeit entwickelt haben. Die Raunächte zum Beispiel, die überall im Salzburger Land zelebriert werden. Anderes wiederum, wie etwa das Schmücken des Weihnachtsbaumes, ist noch gar nicht so lange in unserer Kultur verankert.

Gerade Schmücken und Dekorieren ist etwas, mit dem wir unseren Kindern die besondere Magie dieser Zeit vermitteln können. Was es da nicht alles gibt, das beim gemeinsamen Basteln für Spaß und Freude und später für festliche Stimmung sorgt. Viele Zutaten dafür kann man übrigens direkt aus der Natur holen und beim Spazierengehen dazu gleich den ganzen Stress abschütteln. Nichts ist erholsamer als eine Wanderung durch den Winterwald – das können Sie mir glauben. Ebenfalls gut für die Seele ist Singen und Musizieren. Darum habe ich für dieses Buch einige meiner liebsten Advent- und Weihnachtslieder zusammengesucht. Probieren Sie es aus, man braucht dazu wirklich kein Talent, sondern nur ein bisschen Leidenschaft und Freude am gemeinsamen Tun.

Was für mich noch zur Weihnachtszeit gehört: Geschichten und Gedichte, am besten direkt aus dem Leben gegriffen. Was für ein Glück, wenn ich in die großen, glänzenden Augen meiner Enkel blicke, die oft gar nicht wollen, dass die Oma mit dem Erzählen ans Ende kommt. Für dieses Buch habe ich drei Geschichten und zwei Gedichte vom Salzburger Schriftsteller Walter Müller ausgewählt, den ich wegen seiner amüsanten Erzählweise sehr schätze.

Natürlich kommt das, wofür Sie mich kennen, nicht zu kurz: das Kochen. Schließlich hat der Duft von Weihnachten ja sehr viel damit zu tun. Ich habe für Sie meine Rezepte zusammengestellt, die ich in dieser Zeit gerne für und mit meiner Familie koche. Alle sind recht einfach nachzukochen, manche ganz traditionell wie die Mettensuppe oder das Filzmooser Bauernbratl. Dazu die Lieblingskekse meiner Kinder und eine Weihnachtstorte, von der selbst das Christkindl, so glaube ich, gerne einmal naschen würde.

Ich freue mich sehr, dass Sie mich bei meinem Streifzug durch den Advent begleiten. Möge er Ihnen ein Glitzern in die Augen zaubern und Sie besinnlich aber frohgemut durch diese Zeit geleiten.

Johanna Maier

PS: Die Rezepte sind, wenn nicht anders angegeben, für 4 Personen.

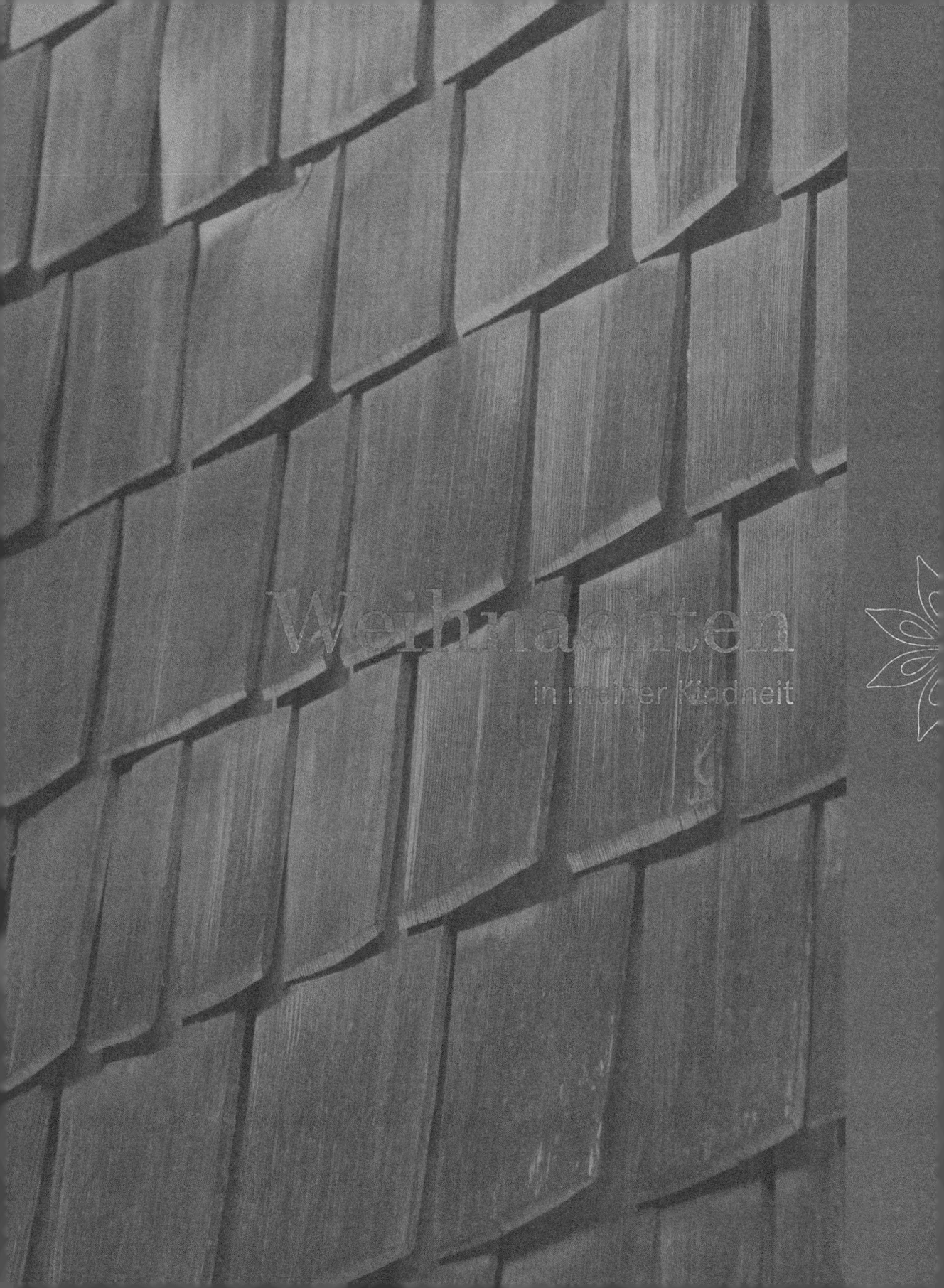

Weihnachten
in meiner Kindheit

Wie Weihnachten riecht

von Walter Müller

Wie Weihnachten riecht?
Wie ein Engelsgedicht,
frisch auf Büttenpapier,
Schokoschäfchen von dir,
wie ein glühwarmer Wein,
Tannen im Mondenschein,
wie ein Streichholz, das glimmt.
Mandarinen und Zimt,
Weißt du's schon oder nicht,
wie Weihnachten riecht?

        Wie ein Esel im Stall,
        Myrrhe allüberall,
        wie zwei Äpfel im Rohr
        und zwei Kindchen davor,
        Kerzenlicht, das verglüht,
        Ingwertee, frisch gebrüht,
        wie gesegneter Rauch
        und von Demut ein Hauch.
        Weißt du's schon oder nicht,
        wie Weihnachten riecht?

        Wie nach »heiligem Land«,
        nassem Hirtengewand
        auf dem Nachtweg nachhaus',
        wie »gebackene Maus«,
        nach Vanilleparfait
        aus der Wolkenallee,
        Fichtenzweig im Kamin,
        aus dem Himmel gelieh'n
        So betörend und schlicht ...
        wie halt Weihnachten riecht.

DER DUFT
VON WEIHNACHTEN

Weihnachten, das ist für mich vor allem eine Erinnerung an meine Eltern und an meine Großmutter. Es ist aber auch eine Erinnerung an einzigartige Gerüche, an intensive Geschmacksmomente und an geheimnisvolle Geräusche (heute würde ich es ein Fest der Sinne nennen).

Wir waren keine reiche Familie, man könnte sagen, wir waren eher arm. Die Eltern haben viel gearbeitet und meine Schwester und ich lernten früh, dass man sich das Leben hart verdienen muss.

Weihnachten aber war bei uns immer etwas ganz Besonderes. Es begann am 24. Dezember in der Früh. Meine Eltern waren zwar arbeiten, aber meine Großmutter, eine ganz zarte Person, weckte meine Schwester und mich auf, zog uns ganz warm an und brach mit uns zum Weihnachtssuchen auf.

Wir lebten in Radstadt und damals gab es wirklich noch sehr kalte Winter. Dick eingepackt sind wir also losgezogen, um das Christkind zu wecken. Das klingt vielleicht etwas komisch, aber für uns war das ganz normal. Es war sehr wichtig, denn nur wenn man das Christkind am Morgen weckt, kann es am Abend Geschenke bringen. So die Erklärung meiner Großmutter, die mir seinerzeit ganz logisch vorkam.

Tatsächlich hatten wir ein paar unbeschwerte Stunden an der klaren, frischen Luft und im knisternden Schnee. Wir haben es geliebt. Wir gingen in den Wald, die Oma erzählte uns Geschichten, oft hat es auch dicht geschneit. Und immer wieder flüsterte die Oma: »Kinder, genau hinhören, damit wir es merken, wenn das Christkind vorbeifliegt«. Wir lachten und riefen und tatsächlich hörten wir jedes Jahr das Christkind. Heute weiß ich, es war ein Vogel, der aufschreckte. Oder ein Ast, der unter der Last des Schnees abbrach. Oder ein Tier, das vor uns flüchtete. Damals jedoch war ich felsenfest davon überzeugt, das Christkind gehört zu haben und war ganz glücklich. So richtig durchgefroren sind wir dann nach Hause gestapft und die Aufregung wurde immer größer. Die Vorfreude auf den Nachmittag war kaum zu ertragen.

Daheim roch es nach frischem Tannenbaum. Harzig, orange-fruchtig und erfrischend. Denn der Vater war in den Wald gegangen und hatte unseren Baum selbst geschlagen. Keinen großen, aber immer einen wunderschönen, saftigen Baum. Die Mutter und er schmückten ihn gemeinsam mit altem Bauernschmuck aus der Familie. Die Oma setzte meine Schwester und mich, durchgefroren wie wir waren, aufs Küchenbankerl und machte uns einen heißen Häferl-Kakao. Dieses zartbittere Aroma von warmer Schokolade mit dem typischen Milchgeruch habe ich heute noch in der Nase und mir rinnt beim Gedanken daran das Wasser im Mund zusammen. Dazu war es wohlig warm, denn der Herd war bereits eingeheizt, das Holz knisterte und knackste und es wurde stetig nachgelegt.

Dann ging's ans Kochen. Ich stamme aus dem Pongau und am Weihnachtsabend gab es bei uns traditionell vor der Bescherung eine klassische Salzburger Mettensuppe (Würstelsuppe) mit selbstgemachten Würsteln und Nudeln in einer Rindsuppe. Später, nach der Kirche, bekamen wir Buchteln mit einer Prise Zimt und Vanille, dazu Preiselbeeren. Die Buchteln wurden ins Rohr vom Holzofen geschoben, bevor wir zur Kirche aufbrachen. So mache ich das heute noch zu Weihnachten und auch meine Kinder leben diese Tradition weiter.

Beim Kochen durften meine Schwester und ich mithelfen, das hat uns große Freude bereitet. Am späten Nachmittag haben wir uns dann an den Tisch gesetzt und gebetet – gedankt für Speis und Trank. Die Mettenwürstel, wie man sie im Pongau nennt, waren ein richtiges Festtagsessen, weil es bei uns sonst nicht oft Fleisch gab. Die Würste mussten ganz frisch sein. Jede Familie hatte dafür ihre eigene, geheime Würzmischung, die von Generation zu Generation weitergegeben wurde. Die Würste wurden direkt in der Rindsuppe mit Gemüse und Suppennudeln gegart. Wärmend, kräftigend, ein Salzburger Familienessen.

Nach dem Auslöffeln war es soweit. Der Vater verließ den Raum, um dem Christkindl beim Anzünden der Kerzen zu helfen. Das Feuer, so sagte er, wäre zu gefährlich fürs Kindl. Und dann endlich – die Glocke. Ich erinnere mich, wie wir ins Nebenzimmer stürmten. Ich immer gleich zum Fenster, um nachzuschauen, ob ich das Christkind wegfliegen sehe. Gehört hatte ich es ja schon im Wald, aber ich wollte es doch so gerne einmal sehen – leider hat das nie funktioniert.

Dann wurde zusammen gesungen, bis die Kerzen am Baum runtergebrannt waren und jetzt, endlich, bekamen wir Kinder ein Geschenk, eine Kleinigkeit nur, aber liebevoll verpackt. Meistens etwas, das wir ohnehin gebraucht haben. Socken zum Beispiel, oder auch einmal einen Pullover. Ich war jedes Mal von der Stimmung und dem Kerzenlicht wie verzaubert und wünschte mir insgeheim, dass jeden Tag Weihnachten wäre.

Nach der Bescherung gingen wir gemeinsam in die Kirche und der letzte Handgriff meiner Mutter vor dem Weggehen war es, die Buchteln ins Rohr zu schieben. Die Kirche war immer ganz voll, alle waren da. Die Nachbarn, die anderen Kinder aus der Schule.

Wenn wir wieder heimkamen und der Vater die Tür öffnete, hat uns dieser wunderbare Geruch von Germ und gebackenem Teig begrüßt. Ein Duft, der bis heute in mir Emotionen auslöst –, er bedeutet Geborgenheit für mich. Ein Duft, der mich wie mit Zauberhand immer mit Weihnachten, mit meinen Eltern und vor allem mit meiner Oma verknüpft.

Mettensuppe

ZUTATEN

Rindsuppe
½ kg Rinderschulter
3 l Wasser
2 Tomaten
5 Champignons
1 Karotte
½ Lauch
¼ Sellerie
2 Stangen Sellerie
1 Zwiebel, halbiert und an den Schnittflächen angeröstet
je 1 TL Koriander und Bockshornkleesamen, Thymian, Pfefferkörner schwarz
1 EL Liebstöckel
2 Lorbeerblätter
Steinsalz nach Geschmack
2 EL Gute Suppe Rind*
1 TL Angelikawurzel (aus dem Reformhaus)

Für die Einlage
1 Packung Suppennudeln
je 100 g Erbsenschoten und Babykarotten
4 Paar Würstel (Mettenwürste, Frankfurter oder Weißwürste)
4 EL Schnittlauch, geschnitten zum Bestreuen
Senf und Kren

ZUBEREITUNG

Rinderschulter in kochendem Wasser 5 Minuten blanchieren, kalt abspülen.

Gereinigtes, grob geschnittenes Gemüse mit den Gewürzen und dem Fleisch in 3 l Wasser einmal aufkochen und ungefähr 2 Stunden leicht köcheln lassen.

Abseihen und abschmecken.

Nudeln in reichlich Salzwasser bissfest kochen und abseihen, Würstel in siedendem Wasser erhitzen.

Babykarotten und Erbsenschoten 10 Minuten in der Suppe garen.

Nudeln zugeben, Mettensuppe anrichten und mit Schnittlauch bestreuen.

Würstel mit Senf, Kren und frischem Gebäck servieren.

Milch, Mehl, Germ, Eier, Zucker
und fertig sind die Buchteln. Ausrollen,
Kreise ausstechen, mit Butter
bestreichen und eine neben der anderen
in die Auflaufform. Allein der Geruch beim
Backen ist Weihnachten pur. Und erst das
Reinbeißen! Oben müssen sie knusprig sein
und innen luftig. Leicht sind sie nicht, aber
für mich voller Weihnachtsfreude.

Buchteln
mit Sauerkirschenkompott

ZUTATEN

Buchtelteig
15 g frische Germ
1 TL Honig
80 g Butter, zimmerwarm
⅛ l Milch
3 Dotter
30 g Zucker
Zesten von ½ unbehandelten Zitrone
1 gehäufter TL Bourbon-Vanillezucker
250 g Mehl, glatt
1 Prise Salz

Marmelade nach Wahl
80 g flüssige Butter zum Wälzen der Buchteln
Staubzucker zum Bestreuen

Sauerkirschenkompott
2 EL Kristallzucker
Saft von ½ Orange
½ TL gehackter Ingwer
½ TL Süße Küche* (oder 1 Prise Zimt, 4 Gewürznelken)
¼ l trockener Rotwein (oder Johannisbeersaft)
1 TL Puddingpulver
300 g abgetropftes Sauerkirschenkompott

ZUBEREITUNG

Buchteln

Germ zerbröseln und mit dem Honig glattrühren.

In einer Rührschüssel die Butterstücke in der erwärmten Milch schmelzen. Dotter, Zucker, Zitronenschalen, Vanillezucker und glattgerührte Germ zufügen, gut vermischen.

Mehl und Salz zugeben und mit dem Knethaken 3–4 Minuten zu einem glatten Teig verarbeiten. Zugedeckt an einem warmen Ort ca. 30 Minuten ruhen lassen (Teig sollte sich mengenmäßig verdoppeln).

Teig auf einer bemehlten Arbeitsfläche ca. 2 cm dick ausrollen, in 12 gleich große Stücke teilen. In jedes Teigstück einen kleinen Löffel Marmelade geben und verschließen.

Teigstücke in flüssiger Butter wälzen und die Buchteln mit der Teignaht nach unten in die Backform setzen. Zugedeckt ca. eine ¾ Stunde gehen lassen.

Backrohr auf 160 °C Ober-/Unterhitze vorheizen.

Buchteln im Rohr ca. 20–25 Minuten backen. Zum Schluss mit Staubzucker bestreuen und mit dem Kompott servieren.

Sauerkirschenkompott

Zucker in einem kleinen Topf karamellisieren, mit Orangensaft ablöschen, Gewürze zugeben; mit Wein oder Johannisbeersaft aufgießen und 1–2 Minuten köcheln lassen.

Puddingpulver mit 50 g kaltem Wasser glattrühren, in die heiße Masse einrühren. Einmal aufkochen, dann von der Hitze nehmen und Sauerkirschen zugeben.

STERNE AUS STROH

Sie sind vermutlich der ursprünglichste Christbaumschmuck und haben im Salzburger Land eine lange Tradition. Auch die Christbäume meiner Kindheit waren damit aufgeputzt.

DAS BRAUCHT MAN

geglättete Stroh-/ Getreidehalme (gepresst/gebügelt) Schere
Garn/Faden in verschiedenen Farben
Bleistift und Lineal

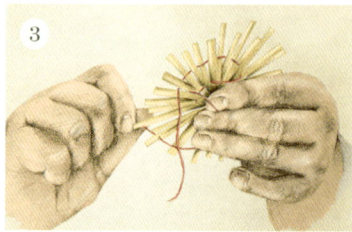
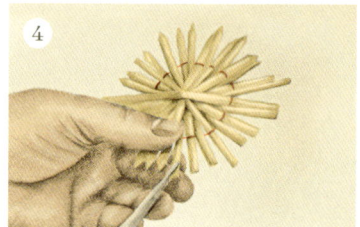

SO WIRD'S GEMACHT

1. Jeder Stern beginnt mit einem **Kreuz**. Die Stücke werden zwischen Daumen und Zeigefinger festgehalten. Quer darüber legt man weitere Kreuze.

2. Das **Garn** wird überhängend über den zuletzt gelegten **Halm** gezogen, von hinten nach vorn, eingefädelt und gut verknotet.

3. Für einen dichten Stern werden zwei fertige **Achtersterne** übereinandergelegt und alle Halme miteinander verwoben. Der Garnrest ergibt die Schleife.

4. Zusammengehalten wird der Stern mit dem zuletzt gewebten Garn. Nun werden die inneren Garnfäden entfernt und die Strahlenenden auf die gleiche Länge gebracht und in **Form geschnitten**.

Besonders schöne Akzente bekommt man, wenn man bunte Fäden verwendet, bzw. ein Band durch die fertigen Sternspitzen webt.

Strohsterne lassen sich in hunderten Varianten anfertigen – von kinderleicht bis kunstvoll. Auch wenn jeder Stern anders aussieht, das Grundgerüst ist immer gleich. Es besteht aus gleich großen und gleich breiten Strohstücken, die mit einem feinen Zwirn zusammengebunden werden. Damit die Halme beim Verarbeiten nicht brechen, sollten sie vorher eine Viertelstunde in heißem Wasser liegen.

30

DIE RAUNÄCHTE

RACHN GEHEN

Es war eines meiner liebsten Rituale:
Am 24. Dezember gingen wir mit dem Vater räuchern.
Der Geruch von Weihrauch, Myrrhe und getrockneten
Kräutern ist für mich und meine Familie fest mit
Weihnachten verbunden.

Wenn rund um Weihnachten das Aroma von Weihrauch, Harzen und Tannennadeln, getrockneten Kräutern und Baumflechten von Rauchschwaden durchs Haus getragen wird, ist die Zeit zwischen den Zeiten angebrochen. In weiten Teilen des Salzburger Landes gibt es drei Raunächte: den 24. und 31. Dezember und den 5. Jänner. Mancherorts zählt noch der 21. Dezember, die Thomasnacht, dazu und in einigen Regionen gelten sogar alle zwölf Nächte zwischen dem Heiligen Abend und dem Dreikönigstag als Raunächte.

In diesen Tagen, so heißt es, sind die Pforten zur Anderswelt offen. Dann treibt sich die Frau Percht, die mächtigste Unterweltgöttin des Alpenraums, mit ihrem Gefolge herum, um den Menschen Angst zu machen. Deshalb ging der Bauer und Hausvater mit der Familie räuchernd durch Stall und Haus, um alle Bewohner vor den bösen Mächten zu bewahren. Dem aromatischen Rauch wurde nicht nur eine schützende Wirkung gegen das Dunkle und Unheimliche zugesprochen, er wirkte auch reinigend für Haus, Körper, Geist und Seele. Das ist bis heute so der Brauch.

Lange bevor es dem Menschen möglich war, wohlriechende Essenzen durch Destillation zu gewinnen, setzte man den Duft von Hölzern, Harzen und Kräutern durch Rauch frei, indem man sie auf heiße Steine oder in die Glut legte. Der Rauch stieg nach oben, dorthin wo die Götter wohnten, und so wurde Räuchern zu einer Art duftender Post, mit der man Wünsche und Gebete gen Himmel schickte.

Ihren Ursprung haben die Raunächte in einer viel älteren Zeitrechnung: Während das Mondjahr nur 354 Tage hatte, zählte das Sonnenjahr 365. Die fehlenden 11 Tage und 12 Nächte wurden von den Kelten als »tote« Tage außerhalb der Zeit eingeschoben, um den Zeitunterschied auszugleichen.

Auch das Ritual des segnenden und reinigenden Räucherns geht auf die Kelten zurück. Es passt ja sehr gut in diese geheimnisvolle Zeit, in der Altes noch nicht ganz gegangen und das Neue noch nicht angekommen ist, und in der die Sehnsucht nach dem Ursprünglichen, dem Natürlichen erwacht.

Nicht ganz einig ist man sich, ob es Raunächte oder Rauchnächte heißen soll. Die einen sagen, es sei aus dem mittelhochdeutschen Wort rûch für haarig entstanden und bezieht sich auf die rauen, bockfüßigen Dämonen, die in diesen Nächten ihr Unwesen treiben. Die anderen leiten es vom Brauch des reinigenden Räucherns ab.

Ob so oder so, beim traditionellen »Rachn gehen« geht der Vater mit der Räucherpfanne voraus, dahinter die Mutter und die Kinder mit Kräutern und Weihrauch in den Händen und es wird gemeinsam gebetet. So ziehen sie von Raum zu Raum und in der dritten Raunacht auch noch dreimal ums Haus herum.

Seit Jahrhunderten bewährtes Räucherwerk und seine Wirkung:

Wacholder: wirkt desinfizierend, aufbauend, heilend, innerlich reinigend
Salbei: entlädt Räume nach Streitereien, wirkt reinigend, aufbauend, gedächtnisstärkend
Beifuss: wirkt anregend, reinigend, hilft die Orientierung zu behalten
Sonnwendkräuter: Johanniskraut und Königskerze wirken stimmungsaufhellend
Kiefernharz: nannte man früher Waldweihrauch, ist mittlerweile schwer zu bekommen. Vertieft die Atmung, gibt Kraft und Ausdauer, stärkt Lebensfreude und Selbstvertrauen
Tannenharz: gibt Kraft, Mut und Ausdauer
Weihrauch: ist das Harz von Boswella-Bäumen, die in Somalia, Äthiopien und Südarabien beheimatet sind. Wirkt keimtötend, desinfizierend, wundheilend, antirheumatisch, stimmungsaufhellend
Myrrhe: ist das Gummiharz des Myrrhestrauchs, der in Äthiopien und Südarabien beheimatet ist. Wirkt wundheilend, entzündungshemmend und bewusstseinserweiternd

SO WIRD GERÄUCHERT

Es gibt **Räucherschalen** aus Ton oder Metall, man kann aber einfach so wie früher eine Gusseisenpfanne nehmen. Wichtig ist, dass sie einen Stiel zum Tragen hat. Sie wird mit **Quarzsand** befüllt und darauf wird **Räucherkohle** platziert. Wenn diese zu Glühen beginnt, legt man das Räucherwerk auf. Moderne Kräuterhexen raten, das Fenster zu öffnen, damit die schlechte Energie, die dem Rauch entflieht, auch entweichen kann. Traditionell hat man früher höchstens die Türe geöffnet, um das Böse hinauszutreiben. Der Duft entfaltet sich jedenfalls besser, wenn die Fenster zu bleiben. Geräuchert werden kann vieles. In der Kirche steht **Weihrauch** und **Myrrhe** an oberster Stelle, aber auch Tannen- und Kieferharze, Wacholder, Salbei und Beifuß gehören zum heimischen Brauchtum. Und natürlich die Sonnwendkräuter, die bereits zur Sommersonnenwende geerntet und dann getrocknet wurden.

Beim Räuchern mussten wir immer Rosenkranzbeten. Das konnten wir natürlich nicht, also haben wir gemurmelt. Vielleicht wäre das Hexeneinmaleins leichter gewesen.

Heißa, Buama, stehts g'schwind auf

Aufbruch der Hirten nach Bethlehem, Hirtenlied

Text und Melodie:
Volksweise aus dem Pongau im Salzburger Land
Aufzeichnung durch Hermann Hummer 1931
beim Kaswurmbauer (Michl Mooslechner) in Flachau (Pongau)
Satz und neue Fassung: Sebastian H. Unterberger, 2018

1. Hei - ßa, Bua - ma, stehts gschwind auf, es will Tåg schon wer - den!
2. Weck den Rüa - pei auf vom Schlåf, dass er a soll kem - ma
3. A den Was - tl net ver - giß, tua eahms a ån - deu - tn,
4. Und da Jodl, da gsteif - te Bua mit der Schwe - gl - pfei - fn,
5. I wår heit Nacht auf der Heid', dort bei mei - nen Schå - fn
6. Hei - ßa Bua - ma, lo - bets Gott, weil er ist ge - bo - ren,

1. Tum - melts enk fei hur - tig drauf, lafts zu en - kan Her - den.
2. und da - her flugs treibt die Schåf, die Schall - mei mit - neh - ma.
3. er soll å - ba - treibn auf d'Wies, drun - ten bei der Lei - tn.
4. der muaß kem - ma a da - zua, er kånn's Ziel da - grei - fn.
5. und tat hålt auf frei - er Weid' bei mein' Scha - fen schlå - fn.
6. der uns åll er - ret - tet håt, sonst wären wir ver - lo - ren.

Kasnocken
mit Röstzwiebeln

ZUTATEN

Nockenteig

125 g Topfen (20 %), gut ausgedrückt
2 Eier
2 Dotter
Bauerngartensalz*
Bunter Bergpfeffer*
Muskatnuss
125 g doppelgriffiges Mehl

60 g Butter
100–150 g würziger Bergkäse, grob gerieben

Röstzwiebeln

1 große Zwiebel
1 EL Mehl, griffig
Öl zum Frittieren
2 EL Schnittlauch, geschnitten

ZUBEREITUNG

Nockenteig

Topfen mit Eiern und Dottern, Gewürzen und Mehl in einer Schüssel glattrühren und ca. 20 Minuten rasten lassen.

Leicht gesalzenes Wasser in einem großen Topf zum Kochen bringen. Teig durch ein Spätzlesieb in das Wasser streichen, einmal Aufkochen. Nockerl so lange köcheln lassen, bis sie an der Oberfläche schwimmen. Nockerl aus dem Wasser heben und kalt abschrecken.

Backrohr auf 180 °C Ober-/Unterhitze vorheizen.

Eine große Pfanne mit etwas Butter ausstreichen, 2–3 EL Käse in die Pfanne geben, ein Drittel der Nockerl darauf verteilen, mit Salz und Pfeffer würzen und schichtweise fortfahren. Im Rohr 10 Minuten überbacken.

Röstzwiebeln

Zwiebel schälen, in dünne Ringe schneiden, mit Mehl bestreuen, gut durchmengen und knusprig goldbraun ausbacken.

Kasnocken mit den Röstzwiebeln und dem Schnittlauch bestreuen.

Dazu passen Blattsalate wie zum Beispiel Eichblatt-, Endivien-, Vogerl- oder Kopfsalat.

Nussschnaps

ZUTATEN

15 grüne Nüsse
(Mitte bis Ende Juni geerntet)
300 g Kristallzucker
3 Blätter vom Nussbaum
3 Gewürznelken
3 Sternanis
3 Kardamom-Kapseln
1 TL Ingwer,
gehackt oder getrocknet
1 TL Anis
1 TL Minze,
gehackt oder getrocknet
1 TL abgeriebene
Orangenschale
1 TL Wacholderbeeren,
zerdrückt
1 kl. Zimtrinde
1 Msp. Muskatnuss, gerieben
1 l Korn (38–40 %)

ZUBEREITUNG

Die Nüsse waschen und vierteln (Handschuhe!), die Gewürze grob mörsern.

Alle Zutaten in einem großen Rexglas ansetzen. In die Sonne stellen, ab und zu schütteln.

Spätestens nach 3 Monaten den Schnaps abseihen und abfüllen. (Am besten noch bis Weihnachten stehen lassen und dann im Kreis Ihrer Lieben verkosten.)

Gleich mehrere Liter ansetzen und den Schnaps abgeseiht und gut verschlossen ruhig einige Jahre reifen lassen, wenn er überhaupt so lange hält …

ADVENT LIEGT IN DER LUFT

Was gibt es Besseres als die Zitrusnote von Orangen in Kombination mit dem exotischen Aroma von Gewürznelken? Eine Mischung, die das Haus sofort mit heimeliger Weihnachtsstimmung füllt.

DAS BRAUCHT MAN

Orangen
Gewürznelken
Pailletten
kleine Perlen
kleine Rosen
Geschenkbänder
Stecknadeln
Goldschnur und Golddraht
Klebstoff

SO WIRD'S GEMACHT

1. Zunächst ein paar Muster überlegen und mit Filzstiften in Punkten auf die **Orangenschalen skizzieren**. Für Kinder die Punkte mit einem Zahnstocher »vorbohren«, damit sie sich nachher leichter tun. Dann die Orange an den vorgezeichneten Linien mit **Gewürznelken** spicken. Die Orangen riechen übrigens besonders intensiv, wenn man sie mit Nelkenöl beträufelt. Danach in ein Glas legen, zuschrauben und einen Tag lang ziehen lassen.

2. Als zusätzlichen Schmuck sind **Rosenblätter** sehr hübsch, die mit Stecknadeln fixiert werden. Dafür auf die Stecknadeln zunächst eine kleine Paillette fädeln, die vom Stecknadelkopf gehalten wird.

3. Als Variante kann man das Rosenblatt fest mit **Golddraht** umwickeln. Mit dem Golddraht werden dann noch zwischen den Gewürznelken fantasievolle Muster gelegt. Auch Maschen aus **Geschenkbändern** eignen sich gut zum Dekorieren.

Krautfleckerl

ZUTATEN

2 EL Pflanzenöl

1 mittlere Zwiebel, fein geschnitten

1 gestrichener EL Zucker

¼ Kopf Weißkraut (Braunschweiger), ohne Strunk in Würfel geschnitten

2 EL Apfelessig

100 ml Gemüsefond

250 g Fleckerln

Je ½ TL Bauerngartensalz* und bunter Pfeffer*, grob geschrotet

½ TL Kümmel, ganz

je 1 EL frische Petersilie, Rucola und geschnittener Schnittlauch

50 g Bergkäse, gerieben

ZUBEREITUNG

Öl in einer Pfanne erhitzen, Zwiebel darin 3 Minuten anschwitzen.

Mit Zucker bestreuen und leicht karamellisieren lassen.

Kraut zugeben, mit Apfelessig und Gemüsefond ablöschen.

In der Zwischenzeit Fleckerl in leicht gesalzenem Wasser bissfest kochen.

Fleckerl und Kraut vermengen, würzen, mit den Kräutern und geriebenem Käse servieren.

Zum Anklöckeln hat uns Kinder die Oma angezogen.
Ich war nie Maria, nie Josef, ich war immer ein Hirte. Dann
gingen wir von Haus zu Haus, haben ein Lied gesungen und
wurden mit einem Kekserl oder Zuckerl belohnt.

ANKLÖCKELN

AUF HERBERGSSUCHE

—◆—

Im Salzburger Land gibt es einen
schönen Adventbrauch: an den drei Donnerstagen
vor Weihnachten ziehen kleine Gruppen von
Haus zu Haus, singen Lieder und bringen Glück.

Wie so vieles im alpenländischen Raum ist diese Tradition eine Mischkulanz aus heidnischen und christlichen Ritualen. Das Anklöckeln gehört zu den sogenannten Heischebräuchen und ist in grauer Vorzeit aus der bitteren Not im rauen Winter entstanden. Den Armen und Notleidenden war es an diesen drei Donnerstagen erlaubt, an den Türen anzuklopfen – früher sagte man klöcken dazu – und um Gaben zu bitten. Ein höchst sozialer Akt von Geben und Nehmen, denn diejenigen, die etwas hergaben, durften sich Glück im nächsten Jahr erwarten.

Es wird angenommen, dass die Donnerstage deshalb ausgewählt wurden, weil sie dem germanischen Donnergott Donar oder Thor gewidmet waren, den man auf diese Art milde stimmen wollte.

An der Tradition der Donnerstage, den Klöpfelnächten, hat sich bis heute nichts geändert. Es wurde allerdings immer mehr zur Sitte, fromme Sprüchlein und Adventlieder vorzutragen. Damit übernahm zum einen das Christentum den heidnischen Brauch, zum anderen verschwand nun endgültig die Symbolik des Bettelns, da ja etwas dargeboten wurde. Entsprechend dem Bibelzitat »wer anklopft, dem wird aufgetan«, war das Anklöckeln ab dem Mittelalter kirchliche Tradition, die ersten schriftlichen Aufzeichnungen darüber stammen aus dem 15. Jahrhundert.

Die Figuren der Anklöckler entwickelten sich regional unterschiedlich. In Rauris zum Beispiel ziehen die »Schiachvermummten« von Hof zu Hof, im Pinzgau tragen sie oft Bischofsmützen zu den Larven, mancherorts sind sie komplett in schwarz oder weiß gekleidet.

Am häufigsten wird jedoch die Herbergssuche von Maria, Josef und einigen Hirten dargestellt. Kinder und Erwachsene in kleinen Gruppen ziehen verkleidet von Tür zu Tür, klopfen mit einem langen Stecken an oder klingeln mit einem Glöckchen. Dann singen sie alte Weisen wie »Gott grüaß enk, Leutln«, wünschen Glück und bekommen als Dank Kekse, Nüsse oder Kletzenbrot. In unserer Zeit wird dabei auch häufig für einen guten Zweck gesammelt, womit sich der Kreis zum ursprünglichen Sinn wieder schließt.

Gott grüaß enk, Leutln!

Anglöckler-, Anklöpfler-, Hirten- und Sternsingerlied
Text und Melodie: Volksweise aus dem Pinzgau im Salzburger Land
Günther Legat (Hg.), Sammlung, Martin Hölzl, Graz 1918/1937
Satz: Sebastian H. Unterberger, 2018/2

1. Gott grüaß enk, Leutln ål-le sånd, mögn sein, so viel enk wölln! Mir kem-man her vom Heil'-gen Lånd und wis-sen viel z'da-zöhln: Wås Wun-der-båes sich
2. Wia mir håbn d'Nåcht bein Scha-feln g'wåcht, i, der Lenz, der Ruap, der Stoff, håt's a wun-der-schö-ne Liach-tn g'måcht und 's Him-mel-loch woar off'. Auf a-moi kem-man
3. Mia håbn glei un-ser Såch z'samm-påckt, a je-der vol-ler Schneid. Und håbn uns g'schwind nåch Beth-l'hem g'måcht, as spe-ku-liern, wås 's geit. Da findn ma in un-serm
4. Hiatzt stand ma då wia d'O-fen-stöck und håbn úns wirk-li g'schamt mit un-sre schia-chn Werk-tåg-röck, weil mir koane schö-nern homb. Åber neb'n-bei håt's uns
5. So stand ma då recht lång und lång, håbn bet't, håbn g'låcht, håbn g'reascht, und håbn eam gebn ois, was mir håbn, is wohl koa Red da-weascht. Hiatzt müassn ma wie-der

Winter-Wohlfühl-Tee

ZUTATEN

Getrocknete Apfelstücke
Mandeln mit Schale, klein gehackt
Getrocknete Hibiskus-Blüten
Getrocknete und klein geschnittene Orangenschalen
Zimtstange, klein gebrochen
Bourbon-Vanillezucker
Nelken
Getrocknete Wermuth-Blätter
Getrocknete Schlüsselblumen
Heidelbeerblätter
Kamille, Salbei, Thymian

ZUBEREITUNG

Mit kochendem Wasser aufgießen, 10 Minuten ziehen lassen und abseihen. Bei Trinktemperatur mit Honig süßen.

Im Frühling, Sommer und Herbst Blüten, Früchte und Kräuter sammeln, gut trocknen und mit den Aromaten und den Mandeln in einem Rexglas trocken lagern. Ist auch ein wunderbares Geschenk zu Weihnachten.

MEINE ZWEI ADVENTKALENDER

Ich habe heuer, diesen Luxus
leiste ich mir, zwei Adventkalender.

Eine Geschichte von Walter Müller

Der eine ist genauso wie Adventkalender halt sind – mit einem schönen weihnachtlichen Motiv vorne drauf: einem hell erleuchteten Häuschen am Waldesrand mit viel Schnee und einem Schlitten voller Päckchen davor ... und mit zwei Dutzend, von 1 bis 24 nummerierten Fensterchen. Wenn man dann – am jeweiligen Tag natürlich – ein Fenster öffnet, findet man einen Schneekristall, eine Wunderkerze oder einen himmlischen Stern. Wie in einem richtigen Adventkalender. Es ist ja auch ein richtiger Adventkalender. Ich hab ihn an meine Wohnungstüre geklebt, innen, eine Handbreit über dem Türgriff. Und jedes Mal, bevor ich am Morgen meine Wohnung verlasse, öffne ich ein Fenster.

Mein zweiter Adventkalender sieht in Wirklichkeit auch wie ein richtiger Adventkalender aus. Genaugenommen schaut er dem ersten zum Verwechseln ähnlich. Das gleiche weihnachtliche Bild vorne drauf, mit dem Häuschen, dem Schlitten und dem Schnee. Gleich groß, gleich bunt. Gleich teuer war er auch; aber das nur am Rande.

Beim zweiten Adventkalender – macht mir das bloß nicht nach! – hab ich noch vor dem ersten Dezembertag die Rückwand mit den kleinen Bildern hinter den Fensterchen entfernt. Und wenn ich jetzt so ein Adventkalenderfenster öffne, finde ich – nichts! Keinen Schneekristall, keine Wunderkerze und keinen himmlischen Stern. Ich kann durch das Fenster durchschauen, wie durch ein richtiges Fenster. Diesen zweiten Adventkalender hab ich an mein Schlafzimmerfenster geklebt. Jeden Tag, gleich nach dem Aufwachen, öffne ich einen der 24 winzigkleinen Fensterläden und schaue hinaus auf die Straße vor meiner Wohnung.

Einmal sah ich, wie gerade der Müllwagen vor unserem Haus stehenblieb und Berge von Müll in sich hineinschluckte. Ich sah auch schon Kinder mit schweren Schultaschen und sehr blassen Gesichtern Richtung Schule laufen. Ehepaare miteinander streiten. Autofahrer, die einander beschimpften, bloß weil der eine in dieselbe Parklücke einbiegen wollte wie der andere. Einen Rettungswagen, der einen Kranken abholte. Viele müde Menschen hab ich schon gesehen durch meine Adventkalenderfensterchen, ein paar zufriedene, ein paar traurige, Menschen wie ... ja: dich und mich.

Kurz und gut: durch die Fensterchen in meinem Adventkalender, der am Schlafzimmerfenster klebt, sehe ich ein kleines Stück von der ganz gewöhnlichen Welt da draußen. Manchmal macht mich das fröhlich, manchmal, ziemlich oft sogar, nachdenklich, je nachdem.

Heute früh hab ich durch das Adventkalenderfenster einen Mann gesehen ... hat ganz schön geschwankt; ich fürchte, der hat wohl viel zuviel getrunken letzte Nacht. Vielleicht ist er einsam gewesen, verzagt, verzweifelt – Freundin verloren, Job, Wohnung, den Sinn des Lebens aus den Augen verloren ... was weiß ich!

In meinem Tür-Adventkalender, dem ganz normalen, wie ihr ihn wohl auch zuhause habt, war ein Engel abgebildet, einer mit weißen Locken und goldenen Flügeln. Herrlich, lieblich, wunderschön. Ein Vorbote vom großen Weihnachtsfest.

Seit ich zwei Adventkalender habe, diesen Luxus leiste ich mir, kann ich beides sehen: den Alltag vor meinem Fenster aber auch die Tannenzweige, die Lichter, die Engel und – in ein paar Tagen schon – das Kind in der Krippe.

Ich gehe jetzt öfter lächelnd aus dem Haus, den Stern und den Wunderkerzenschein vom Tür-Adventkalender in meinem Herzen. Vielleicht begegnet mir ja gerade heute, draußen auf der Straße, einer, den ich durch das andere Adventfensterchen schon gesehen habe ...

DIE GEBORGENHEIT
EINER FAMILIE

Es ist ja so, dass man das, was einem Schönes als Kind vermittelt wurde, später an seine eigenen Kinder weitergibt. Advent und Weihnachten waren für mich immer etwas ganz Besonderes, Zauberhaftes und genauso habe ich das später als junge Frau in Filzmoos versucht, für meine Kinder stimmungsvoll zu gestalten. Wenn man allerdings ein Hotel und Restaurant voll mit Gästen hat, ist das gar nicht so einfach. Geschäftlich war Weihnachten für uns die beste Zeit im Jahr, im Advent aber war es noch ruhig.

Nach dem ersten großen Schneefall im Dezember haben wir – mein Mann Dietmar, meine Tochter Simone und meine Söhne Tobias, Dietmar und Johannes – uns alle dick und warm eingepackt und dann ist die ganze Familie am Nachmittag mit der Pferdekutsche auf die Hofalm gefahren. Dort gab es eine Jause mit Tee, Glühwein und Krapfen, und wenn es dunkel wurde, sind wir mit Fackeln zurück nach Filzmoos gestapft.

Das hatte so etwas Heimeliges, Geborgenes, obwohl wir in der freien Natur waren. Der flackernde Feuerschein, die schneebedeckten hohen Tannen und Fichten, und wenn darüber der Nachthimmel ganz klar war, hast du sogar Sternderl funkeln gesehen. Alle waren ganz leise, weil in so einer Atmosphäre kannst du ja gar nicht laut sein. Das Bacherl hat gerauscht und der Schnee unter den Füßen geknirscht. Einer hat vielleicht eine Geschichte erzählt und ab und zu haben wir ein Adventlied gesungen. So wie in meiner Kindheit, wenn wir mit der Oma von Radstadt hinauf zur Lorettokirche gewandert sind.

Das haben wir vor Weihnachten einmal in der Woche gemacht, obwohl es für uns Kinder ein bisschen anstrengend war, weil eine Dreiviertelstunde haben wir schon dafür gebraucht. Die Oma hatte aber immer Zuckerln eingesteckt und uns damit den Weg versüßt. Wenn wir dann noch im Wald das Bimmeln der Glocken gehört haben, ist es mir so vorgekommen, als würden sie anders klingen als sonst, irgendwie feierlicher.

Im Kircherl gab es keine Orgel, nur eine Frau mit einer Gitarre und wir Kinder haben dazu gesungen. Ganz einfache Lieder wie »Leise rieselt der Schnee« oder »Still, still, weil's Kindlein schlafen will«.

Meine Kinder sind ja unter Gästen aufgewachsen und haben das Kochen und Bewirten von klein auf mitbekommen. Im Advent haben wir ihnen vorm Hotel einen kleinen Ofen mit Holzfeuer aufgebaut, wo sie mit großem Spaß Maroni gebraten und verkauft haben. Oder sie haben einen großen Topf aufgestellt und Kinderpunsch ausgeschenkt.

Natürlich haben wir auch Kekserl gebacken, aber ich muss gestehen: bei unseren Keksen haben wir weniger Wert aufs Optische gelegt, Hauptsache sie haben geschmeckt. Jedes Kind hatte ganz klar seinen Keksfavoriten. Simone liebte Vanillekipferln, Dietmar Dotterbusserl – die macht er noch heute –, Johannes Kokosbusserl und Tobias war ganz wild auf Rumkugeln. Die Kekse für unsere Gäste kamen dann aber schon aus meiner Küche.

Am Weihnachtsabend waren wir im Hotel alle eine große Familie. Wir hatten viele deutsche Gäste und für die war allein schon die grandiose Naturkulisse hier mitten in den Bergen mit Blick auf die Bischofsmütze und dem stillen Winterwald etwas Außergewöhnliches, etwas Bezauberndes. Auch unsere Bräuche waren ihnen nicht so bekannt. Wer wollte, ist also beim Räuchern mit uns durchs Haus gezogen, anschließend gab es die traditionelle Würstelsuppe.

Im Salon stand schon ein riesiger, sicher zwei Meter hoher Christbaum, den mein Mann Dietmar frisch aus dem Wald geholt und den ich am Nachmittag aufgeputzt hatte. Jedes Jahr anders, es sollte auch für meine Kinder immer ein überraschendes, ein fantastisches Erlebnis sein. Einmal Gold, einmal Rot, einmal Silber, einmal nur mit Strohsternen, aber immer mit echten Kerzen, Sternspuckern und Lametta, weil ich das Glitzern so sehr liebe.

Die Christbäume in meiner Kindheit waren ja noch eher bescheiden geschmückt, aber immer mit Strohsternen und echten Kerzen. Am meisten interessierte mich damals aber die Windbäckerei, weil Süßes gab es unterm Jahr sonst nicht so oft. Später hat meine Mutter noch kleine schokoladene Likörfläschchen dazu gehängt, die waren immer als Erstes weg.

In unserem Hotel in Filzmoos zündeten dann meine Kinder die Kerzen an und alle, Gäste und Familie, versammelten wir uns rund um den Baum. Simone spielte auf der Gitarre, Tobias auf der Flöte und gemeinsam sangen wir Weihnachtslieder.

Unsere Bescherung mit Geschenken machten wir dann aber extra in unserem Wohnzimmer. Meine Kinder spitzten schon beim Singen aufmerksam die Ohren, damit sie das Glöckchen vom Christkindl nicht überhörten. Eine Aufgabe, die früher mein Vater und jetzt mein Mann Dietmar über hatte. Jahr für Jahr dann dasselbe Spiel, darauf bestanden meine Kinder, bis sie auszogen und ihre eigenen Familien gründeten. Dietmar läutet, die Kinder stürmen ins Zimmer, das Fenster ist offen und der Papa sagt: »Schauts, da ist grad das Christkindl rausgeflogen.« Und wieder hatte es nicht funktioniert, und wieder hat es keiner gesehen …

Es war eine schöne Zeit, an die ich gerne zurück denke. Denn trotz des großen Stresses in der Küche und im Hotel, waren wir zu Weihnachten immer ganz besonders eine Familie. Noch heute bin ich glücklich, wenn wir alle zusammenkommen, wenn's glitzert und leuchtet und Ruhe in die Seelen einkehrt.

Rote-Linsen-Suppe
mit Koriander

ZUTATEN

100 g rote Linsen
3 EL Rapsöl
1 mittlere Zwiebel, klein geschnitten
1 Knoblauchzehe
3 Stück Zitronengras, gequetscht
10 g gelbe Currypaste
1 Msp. frische Chillischote
je 1 EL Orientalisches Habibi* und Ayurvedisches Masala*
2 EL Mediterranes Gewürz*
1 EL Tomatenmark
½ l passierte Tomaten (aus Glas oder Dose)
½ l Gemüsefond
¼ l Kokosmilch
je 1 EL frischer Ingwer, geschält und gehackt
1 TL Zucker
Korianderblättchen für die Garnitur

ZUBEREITUNG

Linsen in eine Schüssel geben und mit warmem Wasser auffüllen, 30 Minuten quellen lassen.

Öl in einem Topf erhitzen. Zwiebel, Knoblauchzehe und alle Gewürze außer Ingwer zugeben und 10 Minuten köcheln lassen. Tomatenmark zufügen.

Mit passierten Tomaten, Gemüsefond und Kokosmilch aufgießen. Eingeweichte Linsen abseihen und zugeben. Ingwer und 1 TL Zucker einrühren und ca. 15 Minuten köcheln lassen, bis die Linsen gegart sind. Vor dem Servieren Zitronengras und Knoblauchzehe herausnehmen, die Suppe mit frischem Koriander garnieren.

ZUM NASCHEN SCHÖN

Etwas ganz Besonderes aus der Backstube:
Ein Mobile aus Lebkuchen duftet gut und verbreitet
wohlige Weihnachtsstimmung.

DAS BRAUCHT MAN

250 g Honig
100 g Zucker
350 g Roggenmehl
½ TL Nelkenpulver
½ TL gemahlener Ingwer
½ TL gemahlener Kardamom
1 Prise gemahlene Muskatblüte
2 TL gemahlener Zimt
½ TL abgeriebene Bio-Orangenschale
½ TL abgeriebene Bio-Zitronenschale
½ TL Hirschhornsalz

Zum Verzieren
200 g Staubzucker
1 Spritzer Zitronensaft
1 TL versprudeltes Eiklar

SO WIRD'S GEMACHT

Honig und Zucker so lange köcheln, bis sich der Zucker aufgelöst hat.

Roggenmehl in einer Schüssel mit Gewürzen, Zitrusschale und Hirschhornsalz vermischen. Warmen Honig unterrühren und auf einer Arbeitsfläche zu einem glatten Teig verkneten.

Teig mit einem nassen Tuch bedecken und im Kühlschrank 12 bis 24 Stunden rasten lassen.

Backrohr auf 170 °C Ober- und Unterhitze vorheizen.

Teig auf einer bestaubten Fläche ca. 5 mm dick ausrollen und weihnachtliche Formen (Sternderl, Engerl, Glocken, Herzerl, flache Häuschen) ausstechen. In jeden Lebkuchen im oberen Bereich ein etwa 3–5 mm großes Loch stechen.

Auf ein mit Backpapier belegtes Backblech setzen und im Ofen auf der mittleren Schiene 15 bis 20 Minuten backen. Auf einem Kuchengitter vollständig auskühlen lassen.

Staubzucker, Zitronensaft und Eiklar glatt rühren, durch ein feines Sieb passieren. Die Glasur in ein Papierstanitzel füllen und die Lebkuchen damit verzieren. Trocknen lassen, dann Bänder durch die Löcher fädeln und die Figuren an einem Strohkranz oder an Zweigen aufhängen.

Das Rezept ist für 40–50 Stück.

Gebackener Gewürzfisch
mit Erdäpfel-Vogerlsalat

ZUTATEN

Panade
80 g Pankobrösel
(oder grobe Semmelbrösel)
2 EL Koriandersamen,
grob gehackt
2 EL Petersilie,
grob geschnitten
3 EL Parmesan, gerieben
3 EL Haselnüsse, grob gehackt
3 EL Sesamsamen

8 Stück Fisch à 50 g
(Zander, Karpfen, Waller
oder Seeforelle)
Fischgewürz*
4 EL Mehl
2 Eier, verquirlt
Pflanzenöl zum Ausbacken

Kartoffelsalat
½ kg Kartoffeln, festkochend
4 EL Apfelessig
8 EL Maiskeimöl
1 TL Estragon Senf
Salatgewürz*
1 mittlere Zwiebel,
in Ringe geschnitten
200 ml heiße Rindsuppe
1 Handvoll Vogerlsalat

ZUBEREITUNG

Gebackener Gewürzfisch

Alle Zutaten für die Panade in einer flachen Schüssel gut vermengen.

Fischfilets mit Fischgewürz einreiben, in Mehl wenden, durch die verquirlten Eier ziehen und in der Panade wälzen, mit den Handflächen etwas andrücken.

Reichlich Öl in einer Pfanne auf ca. 140 °C erhitzen und Fischfilets schwimmend darin insgesamt ca. 4 Minuten knusprig backen. Gut abtropfen.

Kartoffelsalat

Kartoffeln in leicht gesalzenem Wasser kochen, abseihen, etwas ausdampfen lassen und schälen. In Scheiben schneiden.

Essig, Öl, Senf, Salatgewürz und Zwiebelringe in die heiße Rindsuppe geben und verrühren. Kartoffelscheiben marinieren, 10 Minuten ziehen lassen und abschmecken.

Kurz vor dem Servieren den Vogerlsalat unter den Kartoffelsalat mischen.

Ich empfehle dazu eine Schnittlauchsauce mit:
Mayonnaise, Joghurt, Crème fraîche,
Sauerrahm, Zitronensaft, Honig und
frisch geschnittenem Schnittlauch.

82

BARBARAZWEIGERL

WENN ES MITTEN IM WINTER BLÜHT

Die zarten Knospen machen mir in der dunklen, kalten Zeit besonders große Freude. Rund um diese Lichtblicke ranken sich faszinierende Mythen und Orakelbräuche.

Wie fröhliche Frühlingsboten schmücken die Zweiglein mit ihren zarten Blüten das Haus in der kalten Winterzeit. Auch wenn so mancher sie als reine Dekoration betrachtet, insgeheim weiß jeder Bescheid. Es ist wie mit den schwarzen Katzen, oder dem Knopf, den man festhalten soll, wenn ein Rauchfangkehrer vorbeigeht. Bei den Barbarazweigerln basiert der Aberglaube jedoch auf handfesten botanischen Tatsachen einerseits und der Legende der heiligen Barbara andererseits.

Geschnitten am 4. Dezember, sollen die Knospen rund um den Weihnachtstag erblühen. Traditionell werden die Zweige von Kirschbäumen genommen, sie können aber auch von Apfel- oder Birnbäumen, Haselsträuchern oder Hollerbuschen stammen. Die Asterln wurden früher bei den Viehabtrieben vor Wintereinbruch mitgenommen und ins Wasser gestellt. Von der Anzahl der Blüten am Weihnachtsabend schloss man auf eine gute Ernte im nächsten Jahr. Das hat allerdings wenig mit Mystik, sondern mehr mit aufmerksamer Naturbeobachtung zu tun.

Bereits 1864 bemerkte Ritter Anton von Perger in seinem Buch *Deutsche Pflanzensagen*: »...da sich sowohl Blatt- als auch Blütenknospen für das nächste Jahr schon im Herbst ansetzen, kann man auch aus der großen Zahl der einen oder anderen auf mehr oder minder Obst schließen.«

Das Blühen lässt sich einfach botanisch erklären: Durch die Zimmerwärme weckt man die Pflanzen aus der Winterruhe, Hemmstoffe werden abgebaut, versetzen die Knospen in einen künstlichen Frühling und lassen sie aufblühen. Hoffentlich, denn laut Volksglauben wird nur dann das nächste Jahr ein glückliches.

Ebenfalls beliebt: das Liebesorakel. Stehen mehrere Verehrer zur Wahl, nimmt man einige Zweiglein und behängt jedes mit einem Namenszettel. Der Auserwählte wird jener sein, auf dessen Zweig sich die Blüten als erstes öffnen. Will man sich hingegen der Liebe eines Einzigen versichern, muss man dessen Namen in die Rinde ritzen. Keine Blüte, keine Liebe – da tröstet einen vielleicht das Gedicht des Lyrikers Martin Greif (1839–1911):

> Am Barbaratage holt' ich
> drei Zweiglein vom Kirschenbaum,
> die setzt' ich in eine Schale,
> drei Wünsche sprach ich im Traum:
> Der erste, dass einer mich werbe,
> der zweite, dass er noch jung,
> der dritte, dass er auch habe
> des Geldes wohl genug.
> Weihnachten vor der Mette
> Zwei Stöcklein nur blühten zur Frist:
> Ich weiß einen armen Gesellen,
> den nehm' ich wie er ist.

Laut Brauch sollen die Zweige am 4. Dezember, dem Namenstag der heiligen Barbara, ins Wasser gestellt werden. Die Märtyrerin aus dem 3. Jahrhundert ist eine von 14 Nothelfern und gehört somit zur Gruppe der besonders populären Heiligen, die man als Fürsprecher bezeichnet. Sie gilt als Schutzpatronin der Bergleute, Baumeister, Turmwächter, Glockengießer und Feuerwehrleute.

Rund um ihre Herkunft gibt es unterschiedliche Versionen. So soll sie die Tochter eines Königs oder zumindest wohlhabenden Kaufmanns gewesen sein, der entweder in Nikomedia (heute Izmit in der Türkei) oder in der Colonia Heliopolis (heute Baalbek im Libanon) gelebt hat. Der Legende nach war sie sehr schön und auch sehr klug und sie traf sich trotz der Christenverfolgung des römischen Kaisers mit einer Gruppe junger Christen.

Das missfiel ihrem heidnischen Vater, der dazu noch recht eifersüchtig war. Er sperrte sie in einen Turm, was ihren Glauben jedoch bestärkte. Als der Vater erfuhr, dass seine Tochter sich heimlich hatte taufen lassen, beschloss er, sie zu töten. Auf ihrer Flucht konnte Barbara zwar in einem Felsspalt verschwinden, der sich wie durch ein Wunder vor ihr geöffnet haben soll, sie wurde aber von einem Hirten verraten. Auf dem Weg zurück ins Gefängnis blieb ein Kirschzweiglein an ihrem Kleid hängen. Barbara stellte es in der Zelle in einen Krug Wasser und es erblühte genau an dem Tag, an dem sie zum Tode verurteilt wurde. Laut Überlieferung sagte sie dazu folgende Worte: »Du schienst wie tot. Aber du bist aufgeblüht zu schönerem Leben. So wird es auch mit meinem Tod sein. Ich werde zu neuem, ewigen Leben aufblühen!«

Vor ihrem Tod, so erzählt man noch, sei ein Engel erschienen und habe sie in strahlend weißes Gewand gehüllt. Der Vater selbst schritt zur Enthauptung seiner Tochter Barbara. Kurz darauf wurde er vom Blitz getroffen und verbrannte.

SO BRINGT MAN BARBARAZWEIGERL ZUM BLÜHEN

· Falls es vor dem Abschneiden noch keinen Frost gab,
die Zweige ein paar Stunden ins Gefrierfach legen.
· Vor dem Aufstellen in der Vase die Zweige über Nacht in lauwarmes Wasser legen.
Dann entweder mit einem Hammer das Holz leicht anklopfen oder die Enden
regelmäßig anschneiden, damit das Wasser besser aufgenommen wird.
· Die Vase nicht an einen zu warmen Ort stellen.
· Das Wasser alle drei Tage wechseln, so entwickeln sich die Blüten besser.

85

Heilige Barbara

Advent, Vorweihnacht,
4. Dezember Namenstag der Hl. Barbara

Text: Volksweise
Fassung, Melodie und Satz: Sebastian H. Unterberger, 2019/3

1. Heilige Barbara du edle Braut, mein Leib und Seel' sei dir vertraut, wie im Leben wie im Tod. Komm mir zu Hilf in jeder Not.
2. Hilf mir, dass ich vor mein' End', empfang das heilige Sakrament. Dass ich bei Gott noch erwirb, dass ich in seiner Gnade stirb.
3. Wenn meine Seele sich von mir trennt. So nimm sie auf in deine Händ'. Mein Mund nicht mehr sprechen kann, mein Herz schon fängt zu brechen an.
4. Mache meine arme Seele dir gleich und führ mich ins Himmelreich. Dort vereint in Seligkeit mit dir Gott preist in Ewigkeit.

KRANZ DER FREUDE

Als junge Frau hat mir meine Nachbarin in Filzmoos gezeigt, wie man einen Adventkranz selbst bindet. Das mache ich bis heute mit großer Freude. Die Zutaten dazu, also die Tannenzweigerln, klaube ich bei meinen Sparziergängen im Winterwald vom Boden auf.

DAS BRAUCHT MAN

1 Strohrömer (Strohkranz)

Römerband (dünnes Vliesband)

1 Spule Blumendraht

16 Drahtstücke (ca. 10 cm lang)

Tannenreisig, Fruchtstände und Moose, Kerzen

Messer, Schere, kleine Zange

SO WIRD'S GEMACHT

Den Römer mit dem **Römerband** umwickeln, damit später das helle Stroh nicht durch das Reisig schimmert.

Tannenreisig und **Zweige** auf die passende Länge zuschneiden.

Mit **Fruchtständen** und **Moosen** zu dekorativen Sträußchen binden.

Die Büschel rundherum auf den Römer legen und mit **Blumendraht** fest umwickeln, bis der Kranz voll ist.

Die festen **Drahtstücke** mit der Zange über eine Flamme halten und erwärmen. Einen Spieß nach dem anderen mindestens 2 cm tief in die **Kerzenböden** stecken (4 Stück pro Kerze).

Die **Kerzen** ins Tannengrün stecken und den Kranz auf Stabilität überprüfen.

Wermut
hell und dunkel

ZUTATEN

700 ml trockener Weißwein
70 ml Weinbrand
1 kleine Zimtstange
3 Gewürznelken
2 Kardamom-Kapseln
Zesten von je 1 unbehandelten Zitrone und Orange
50 g Zucker
2 EL frischer Wermut oder getrockneter Wermut aus dem Reformhaus

ZUBEREITUNG

Wermut hell

Alle Zutaten vermischen und gut schütteln, damit sich der Zucker auflöst.

2–3 Wochen an einem kühlen, dunklen Ort ziehen lassen.

Je länger der Wermut zieht, umso kräftiger wird sein Geschmack.

Je nach Geschmack mit Oliven, Eiswürfeln, Zitronenscheibe und Minzeblättern servieren.

Wermut dunkel

Gleich vorgehen wie beim Wermut hell, anstatt trockenem Weißwein wird jedoch trockener Rotwein verwendet. Mit Orangenzesten oder Rosmarin heiß statt Glühwein oder Punsch servieren.

SCHÖNER SCHEIN

Bienenwachskerzen verzaubern uns mit ihrem Duft.
Sie sind Natur pur und haben dazu noch eine
wohltuende und heilende Wirkung.

DAS BRAUCHT MAN

Bienenwachsplatten
aus der Apotheke oder
dem Reformhaus

Docht

Schere

Stecknadeln

U-Hakerln (Klammern)

Zum Dekorieren

Gewürznelken, Sternanis,
Beeren, Strohsterne etc.

SO WIRD'S GEMACHT

1. Die Höhe der Kerze definieren und die **Wachsplatte** auf das passende Maß zuschneiden. Den **Docht** auf die Platte legen und kürzen (ca. 2 cm über den Rand des wächsernen Rechtecks stehen lassen).

2. Jetzt einrollen und darauf achten, dass gerade und nicht zu locker gewickelt wird.

3. Getrocknete **Gewürze** wie Sternanis oder Nelken ins Wachs drücken, diese halten von selbst. **Strohsterne** und **Beeren** lassen sich besser mit Stecknadeln oder U-Hakerln fixieren. Auf einen Kerzenständer stellen und anzünden.

Bienenwachs wirkt antibiotisch und wird als Grundstoff für allerlei medizinische und kosmetische Salben verwendet. Wenn beim Kerzenrollen ein paar Stückchen übrigbleiben, ist es gut, sie für die nächste Verkühlung aufzuheben. Die Bienenwachsplatten einfach auf die Brust legen, das wärmt und lindert Erkrankungen der unteren Atemwege.

SCHMUCK AUS DER NATUR

Eines der wunderbarsten Dinge zu Weihnachten ist für mich, am Heiligen Abend den Christbaum zu schmücken. Natürlich hat sich im Laufe der Jahre viel angesammelt, sehr schön finde ich aber immer wieder schlichten, einfachen Schmuck aus der Natur. So wie es früher bei meiner Oma war.

Mit kleinen **Bienenwachs-Sternderln** lassen sich auch Nüsse verzieren. Einfach auf die Schale kleben, ein U-Hakerl aus dünnem Draht zwischen den Schalenhälften montieren und mit einem Spagat ein Schlauferl zum Aufhängen knüpfen. Für Haselnüsse als Anhängsel wird ein Nagel mit Messingkopf durch eine Rolloschnur gesteckt und dann ganz vorsichtig in die Nuss geklopft.

Aus **Bienenwachs** zum Beispiel lassen sich nicht nur Kerzen drehen. Man kann auch Keksformen (Stern, Baum, Fisch, Glocke etc.) zusammensuchen und die Motive aus den Wachsplatten ausstechen. Mit einer dicken Stricknadel ein Loch bohren, ein Bändchen durchfädeln und aufhängen.

Die Farbe Rot liebe ich bei meinen Christbäumen sehr und das Rot der **Hagebutten** leuchtet besonders schön. Für ein Kränzchen werden die Hetscherln auf einen Blumendraht gefädelt, ein Ring geformt und mit einem Spagatzopf am Baum befestigt.

Geschmorter Reh- oder Rinderbraten
mit Preiselbeeren und Nudelfleck

ZUTATEN

Reh- oder Rinderbraten
750 g Reh oder Rind, zugeputzt (z.B.: Nuss, Frikandeau, Kaiserteil)
Wildgewürz*
3 EL Öl
300 g Wurzelgemüse, geputzt und geschnitten
½ EL Tomatenmark
100 ml trockener Rotwein
100 ml roter Portwein
1 EL Rinderpaste* mit 1 ½ l heißem Wasser aufgekocht (alternativ: Wild- oder Gemüsefond)
1 EL Maizena mit 2 EL kaltem Wasser verrührt
Bauerngartensalz*

Nudelfleck
250 g Mehl, doppelgriffig
½ TL Salz
4 Dotter
1 Ei
Mehl zum Ausarbeiten

4 EL Preiselbeermarmelade
Rosmarin zum Garnieren

ZUBEREITUNG

Reh- oder Rinderbraten

Fleisch mit Wildgewürz einreiben. In Portionsstücke teilen, damit wird die Garzeit verkürzt.

Backrohr auf 140 °C vorheizen.

Öl in einem Topf erhitzen, Fleisch kurz anbraten, Wurzelgemüse zugeben und mitrösten, Tomatenmark unterrühren, mit Rotwein, Portwein und Fond aufgießen, mit Salz abschmecken. Ca. 1 ½ Stunde schmoren lassen (je nach Größe des Fleisches).

Sauce durch ein Sieb passieren, mit Maizena binden und 3–4 Minuten köcheln lassen.

Nudelfleck

Mehl mit Salz verrühren, Dotter und Ei zugeben und alles (am besten mit der Küchenmaschine) zu einem glatten Teig verarbeiten; in Folie wickeln und im Kühlschrank ca. 1 Stunde rasten lassen.

Teig auf einer bemehlten Arbeitsplatte dünn ausrollen und in 3 cm breite Streifen schneiden.

Nudeln in reichlich kochendem Salzwasser bissfest kochen, abseihen.

Fleisch mit Sauce und Nudelfleck anrichten.
Mit Preiselbeeren und Rosmarin garnieren.

Filzmooser Bauernbratl
vom Jungschwein

ZUTATEN

1 ½ l Gemüsefond
1 kg magerer Schweinebauch
1 EL Fleischgewürz*
3 kleingeschnittene Knoblauchzehen
250 g kleingeschnittene Schweinsripperl
5 EL Pflanzenöl
3 kleine Zwiebeln
2 mittlere Karotten
¼ Knollensellerie und Lauch
je 1 TL Tomatenmark
1 TL Kümmel
½ kg festkochende Kartoffeln
4 Lorbeerblätter
4 Zweige Rosmarin
4 Zweige Thymian

ZUBEREITUNG

Backofen auf 120 °C vorheizen.

½ l Gemüsefond im Schmortopf erhitzen und den Schweinebauch mit dem Schwartl nach unten hineinlegen. Im Backofen ca. 45 Minuten garen.

Danach Schweinebauch-Schwarte mit einem scharfen Messer rautenförmig einschneiden, mit Fleischgewürz und Knoblauch einreiben.

Backofentemperatur auf 160 °C erhöhen.

Ripperl im Schmortopf mit 3 EL Pflanzenöl am Herd goldbraun rösten. Gemüse und Tomatenmark beigeben, kurz mitrösten, würzen und die Hälfte der Kräuter zugeben, mit dem restlichen Gemüsefond aufgießen.

Schweinebauch mit dem Schwartl nach oben auf das Ripperl-Gemüsebett legen und in den vorgeheizten Backofen schieben. Bratenthermometer in das Fleisch stechen und auf der mittleren Schiene bis zu einer Kerntemperatur von ca. 80 bis 85 °C braten. Dabei gelegentlich mit dem eigenen Saft übergießen. Dauer: ca. 2 bis 2 ½ Stunden.

In der Zwischenzeit Kartoffeln halbieren, mit dem restlichen Pflanzenöl, Gewürzen und Kräutern vermengen. Im Backofen die letzten 30 Minuten mitbraten.

Den geschmorten Schweinebauch auf ein Bratengitter legen (darunter ein Blech als Abtropfschutz geben) und auf der Grillstufe bei ca. 220 °C kurz knusprig braten.

Aufgeschnittenen Schweinebauch mit dem Gemüse, dem Saft und den Kartoffeln in der Pfanne servieren.

Süßkartoffelragout

ZUTATEN

1 Zwiebel, geschält
1 Stange Lauch
2 Knoblauchzehen, geschält
2 EL Öl
400 g Süßkartoffeln, geschält
2 rote Paprikaschoten, gewaschen
2 EL Paprikapulver, edelsüß
400 g eingelegte Tomaten
Aromaten:
1 TL Ayurvedisches Gewürz*
Orientalisches Habibi*
Bergpfeffer*
Bauerngartensalz*
Chiliflocken
¾ l Gemüsefond
1 TL Thymian

ZUBEREITUNG

Zwiebel halbieren und in grobe Spalten schneiden, Lauch in Ringe schneiden, Knoblauch grob hacken.

Öl in einer Pfanne erhitzen, Zwiebel, Lauch und Knoblauch zugeben und ca.
4 Minuten köcheln lassen.

Süßkartoffeln und Paprika in große Stücke schneiden und in die Pfanne geben, Paprikapulver und eingelegte Tomaten nach 2–3 Minuten zugeben, mit den Aromaten würzen und mit Fond aufgießen.

Bei mittlerer Hitze ca. 20 Minuten köcheln lassen, bis die Süßkartoffeln weich sind. Eventuell etwas Flüssigkeit nachgießen.

Abschmecken und mit Thymian garnieren.

WILLKOMMEN, LIEBES CHRISTKIND

Wenn man in der Adventzeit durch die Dörfer spaziert, sind viele Türen weihnachtlich dekoriert. So ein festlicher Türschmuck könnte ja durchaus dem Christkind den Weg in die guten Stuben weisen.

DAS BRAUCHT MAN

Kiefern- oder Tannenzapfen
alte Marmelade- oder Schraubverschlussgläser
Acrylfarbe
Styroporkugeln
Reißnägel (oder Tapeziernägel)
Heißklebepistole
Draht
Stecknadeln
Zange
Nägel

SO WIRD'S GEMACHT

1. Zuerst in den alten **Schraubverschlussgläsern** aus Acrylfarbe (die ist auf Wasserbasis, wird aber wasserfest, sobald sie trocken ist) drei schöne Grüntöne (von dunkel bis hell) anmischen.

2. Die **Zapfen** zur Hälfte in die Farbe tunken und über Nacht trocknen lassen.

3. Die **Styroporkugeln** über und über mit **Reißnägeln** (bzw. mit Tapeziernägeln) bestücken. Am schönsten werden die glänzenden Bälle, wenn man die Köpfe der Nägel überlappend einsetzt.

4. Der letzte **Reißnagel** wird zusätzlich mit dem Heißkleber fixiert – er soll später die Kugel tragen.

5. Dünnen **Draht** um den festgeklebten Reißnagel wickeln ...

6. ... und damit die Kugeln mit den mittlerweile getrockneten verschiedenfarbigen Zapfen zu einer **Kette** verbinden.

7. Jetzt nur noch das **Schmuckstück** an der Haustür befestigen.

115

ZAUBERHAFTER WEIHNACHTSBAUM

Auch wenn wir als Kinder sonst nicht viel hatten, einen schönen Christbaum gab es immer. Mein Vater suchte die Tanne schon wochenlang vorher im Wald aus, bevor er sie für Weihnachten schlägerte. Eine ausladende Form musste der Baum haben und gerade gewachsen sein. Genauso ist später mein Mann Dietmar in den Wald gegangen. Wenn es im Haus nach Tannennadeln roch, wussten alle, dass das Christkindl bald kommen wird.

Der Christbaum als Symbol für Weihnachten ist uns ja so vertraut, dass man sich selten fragt, woher diese Sitte eigentlich kommt. Lange bevor der erste Weihnachtsbaum als solcher aufgestellt wurde, existierten Bräuche, bei denen Baumzweige als Symbol der Urkraft des Lebens dienten. Für unsere Vorfahren war die Sonne gleichbedeutend mit Leben, deshalb zündeten sie rund um den kürzesten Tag im Jahr, also um die Wintersonnenwende, Feuer an und schmückten ihre Behausungen mit immergrünen Pflanzen. Diese symbolisierten die Hoffnung auf die Wiederkehr des Frühlings und boten Schutz gegen böse Geister. So verehrten die Ägypter die Palme, den Kelten war die Eiche heilig und die Römer schworen auf die Kraft des Lorbeerzweiges.

Als die römische Kirche im 4. Jahrhundert den Geburtstag des Gotteskindes mit der Heiligen Nacht vom 24. auf den 25. Dezember festlegte, entwickelten sich Rituale, die auf diesem alten Wissen der verschiedensten Kulturen basierten.

Der Christbaum selbst hat seinen Ursprung im mittelalterlichen Krippenspiel in der Kirche. Davor fand am 24. Dezember das Paradiesspiel statt, bei dem mit Adam und Eva gezeigt wurde, wie die Sünde in die Welt kam. Der Baum dafür war mit Äpfeln geschmückt und wurde mit den Jahren immer schmucker. Bald hingen vergoldete Nüsse und in Silber- oder Goldpapier eingewickelte Früchte darauf – die Vorläufer von unserem heutigen Christbaumschmuck.

Der erste historische Beleg für einen Christbaum stammt aus dem Jahr 1419. Die Gilde der Bäcker in Freiburg hatte einen mit Äpfeln, Lebkuchen und Glittergold geschmückten Baum aufgestellt, den die Kinder plündern durften. Herzogin Dorothea Sybille von Schlesien war es später, die 1611 erstmals einen Baum mit Kerzen erleuchtete. Ab dann entfaltete der Christbaum einen Zauber, der Kinder und Erwachsene damals wie heute fasziniert. Ein dichterisches Denkmal setzte dem Christbaum Geheimrat Goethe, der in *Die Leiden des jungen Werther* beschrieb, wie man beim Anblick eines aufgeputzten Baums mit Wachslichtern, Zuckerwerk und Äpfeln in paradiesisches Entzücken versetzt wird. Und in E.T.A. Hoffmanns Märchen Nussknacker und Mäusekönig kommen die beiden kleinen Helden Fritz und Marie aus dem Staunen über den Wunderbaum nicht heraus, an dessen dunklen Zweigen hunderte kleine Lichter wie Sternlein funkeln.

Lange Zeit war der Christbaum ja nur etwas für die begüterten Leute, bloß Fürsten und Adelige konnten sich so etwas leisten. So kam er auch nach Wien ins Habsburger Reich, wo Erzherzogin Henriette von Nassau-Weilburg, Ehefrau von Erzherzog Karl, 1823 einen der ersten Bäume in der heutigen Albertina schmückte. Einen sogenannten »Graßbaum«, so wie es in ihrer Heimat Hessen protestantischer Brauch war. Sehr zum Missfallen übrigens des Neffen von Erzherzog Karl, nämlich Erzherzog Johann. Dieser notierte in seinem Tagebuch, dass er das ziemlich protzig und überhaupt das Fest wenig besinnlich fand.

Kurz darauf wurde auch in Salzburg der erste Christbaum aufgestellt. Vom Spitzenhändler Franz Josef Koch, der mit seiner ganzen Familie und den zwölf Kindern aus Baden-Württemberg hierher übersiedelt war. Mit seinem Lichterschmuck, den bunten Ketten, den Äpfeln und Nüssen erregte der Weihnachtsbaum in Salzburg großes Aufsehen.

Immer wieder gab es Zeiten, in denen Nüsse und Äpfel für so manche Menschen unerschwinglich waren. 1847 machte ein armer Glasbläser in deutschen Lauscha, der dafür kein Geld hatte, aus der Not eine Tugend. Er ersetzte die teuren Walnüsse durch farbige Glaskugeln, die das Funkeln der Kerzen um ein Vielfaches erhöhten und heute nahezu jeden Christbaum zieren.

Während die Weihnachtsbäume ab dem 19. Jahrhundert draußen auf den Dorfplätzen ein gewohntes Bild waren, zogen sie aber erst vor ungefähr hundert Jahren in private Häuser und Wohnungen ein. Man könnte sagen triumphal, denn heute ist ein Weihnachtsfest ohne einen geschmückten Baum kaum vorstellbar.

Früher hat man eine Weißtanne aufgestellt, die bei uns heimisch ist. Leider ist diese besonders gefährdet, da sie empfindlicher auf Luftverschmutzung reagiert. Deshalb nimmt man jetzt lieber andere Nadelbäume, die auch eigens dafür kultiviert werden.

Beliebt ist die Nordmanntanne mit ihrem dichten Wuchs, den tragfähigen Zweigen und einer hohen Nadelfestigkeit. Noch haltbarer ist die Edel- oder Silbertanne, die bis zu 80 Meter hoch werden kann, aber lieber kleiner genommen werden soll, weil sie sonst nicht mehr ins Zimmer passt. Ebenfalls beliebt: die Blaufichte, weil sie so herrlich nach Wald duftet und kräftige Nadeln hat, die allerdings schmerzhaft stechen können. Tradition hat noch die Rotfichte, die grazil wirkt und sehr gut riecht. Leider verliert sie relativ rasch ihre Nadeln. Eher selten ist die Kiefer bei uns als Weihnachtsbaum zu sehen. Sie behält zwar ihre Nadeln sehr lange, ist aber schwerer zu schmücken.

⇢ O TANNENBAUM ⇠

Eines der beliebtesten Weihnachtslieder
gab es schon lange bevor der Christbaum in unsere
Stuben einzog. Es war bereits im 16. Jahrhundert
ein Volkslied, die Urfassung von Melchior Franck
lautete so:

Ach Tannenbaum, ach Tannenbaum
Du bist ein edler Zweig!
Du grünest uns den Winter,
und auch die Sommerzeit

250 Jahre später machte der unglücklich verliebte
Lehrer August Zarnack ein Liebeslied daraus. Er stellte die Untreue seiner Angebeteten – Oh Mägdelein,
wie falsch ist dein Gemüt … – der Treue der Tannennadeln – Wie treu sind deine Blätter … – gegenüber.
Daraus machte schließlich ein anderer Lehrer, der
Leipziger Ernst Anschütz, unser Weihnachtslied,
indem er zwei Strophen dichtete, in denen nur mehr
vom Baum die Rede ist. Er behielt auch die Zeile »wie
treu sind deine Blätter« bei, die erst im 20. Jahrhundert verändert wurde. Seither singen Groß und Klein
mit strahlenden Augen: O Tannenbaum, O Tannenbaum, wie grün sind deine Blätter …

⇢ HEILENDE WIRKUNG ⇠

Auch in der Volksmedizin hat die Tanne seit jeher
ihren festen Platz. Allein ihr balsamischer,
belebender Geruch regt zu allerlei heilsamen
Anwendungen an. In ihrer Naturkunde schrieb
Hildegard von Bingen: »Die Tanne ist mehr warm als
kalt und enthält viele Kräfte. Sie ist ein Sinnbild der
Stärke. Geister hassen Tannenholz und vermeiden
Orte, an denen sich solche befinden.« Grundsätzlich
wurde in der Naturheilkunde empfohlen, bei Asthma
oder Lungenschwäche einen Korb Tannenzweige ins
Zimmer zu stellen, um damit die Luft zu reinigen.
Pfarrer Kneipp wiederum riet Sängern, Lehrern und
Predigern einen Tee aus grünen Tannenzapfen zu
trinken, damit die Stimmbänder geschmeidig bleiben.
Bei Rheuma und Atemwegsproblemen wiederum
setzte man auf die therapeutische Wirkung von Tannennadeln. Ein Badezusatz aus 200 g Nadeln auf
1 Liter Wasser, 5 Minuten gekocht und ins Badewasser
gemischt, soll durch seinen aromatischen Duft Linderung verschaffen. Was aber immer zu empfehlen ist:
ein Spaziergang durch den Winterwald. Vorzugsweise
Tannenwälder, aber auch Fichten- und Kiefernwälder
reinigen die Luft und wirken dadurch heilsam. Wenn
dann der Schnee unter den Schuhen knirscht und die
Kristalle in der Sonne glitzern, fällt die Hektik von den
Menschen ab und der Alltag rückt in weite Ferne. Was
bleibt, ist die Ruhe und Stille der Adventzeit.

121

AROMATISCHES DUFTSACKERL

Im Winter vermisse ich den betörenden Geruch
meines Kräutergartens sehr. All diese herrlichen Aromen
lassen sich aber für die kalte Jahreszeit ganz gut einfangen.
Voraussetzung: man hängt einige der Kräuter
nach der Ernte zum Trocknen auf.

In die Mitte einer Kordel oder einer hübschen Schnur eine kleine Schlaufe knüpfen, daran wird das Sackerl später aufgehängt. Das **Kräutersackerl** an den Tuchzipfeln zusammenfassen. Mit der Kordel oder Schnur so zusammenbinden, dass sich die Schlaufe auf der Rückseite befindet – schon ist das duftende Bündel fertig zum Aufhängen.

Eine **wohlriechende Mischung** besteht zum Beispiel aus Rosmarin, Salbei, Lavendel und Minze. Die getrockneten Kräuter in ein Stofftaschentuch – so eines, wie es die Oma früher benutzt hat – rebeln.

Wenn sich das **Aroma** mit der Zeit verflüchtigt, einfach das Sackerl vorsichtig drücken, schon riecht es wieder frisch.

123

Der Winter und der Schnee haben
so eine reine Energie. Ich finde ja, dass der Schnee
riecht, auch das Wasser schmeckt im Winter
nach geschmolzenem Schnee. Herrlich!

Schneegestöber

ZUTATEN

4 Eiklar, Zimmertemperatur
220 g Zucker
1 Spritzer Essig
1 Msp. Backpulver
Vanilleeis

ZUBEREITUNG

Backrohr auf 100–120 °C Ober-/Unterhitze vorheizen.

Eiklar in einer fettfreien Rührschüssel aufschlagen.

Zucker unter Rühren langsam einrieseln lassen und die Masse so lange mit dem Mixer schlagen, bis sie schön dick und glänzend ist. Die Masse ist fertig, wenn sie steife Spitzen bildet.

Backpulver und Essig unterrühren.

Die Masse in 4 Haufen auf einem mit Backpapier belegten Blech verteilen und im Rohr ca. 3 Stunden durchtrocknen lassen.

Auskühlen lassen, mit Vanilleeis anrichten und servieren.

Apfelbrioche

ZUTATEN

Schmorsud
150 g Zucker
6 EL Apfelessig
50 g Butter
1 Prise Süße Küche*

400 g Brioche, entrindet
4 Boskoop-Äpfel (säuerlich), geschält, entkernt und geviertelt
2 EL Rosmarinnadeln
1 TL Bergpfeffer*

Backtrennpapier

ZUBEREITUNG

Für den Sud alle Zutaten in einem Topf aufkochen. Der Sud soll süß-säuerlich schmecken.

Backrohr auf 120 °C Ober-/Unterhitze vorheizen.

Brioche in ca. 2 cm dicke Scheiben schneiden und auf ein mit Backtrennpapier ausgelegtes Backblech legen. Mit Apfelstücken belegen.

Sud über die Apfel-Brioche-Stücke träufeln und im Backofen goldbraun backen. Vor dem Servieren mit Rosmarin und Pfeffer bestreuen.

Passt auch hervorragend zu kalten Braten, Roastbeef, geräuchertem Fisch und Käse.

Schneeflöckchen, Weißröckchen

Winterlied, Vorweihnacht

Text: Urfassung, Hedwig Haberkern (1837–1901),
üblicher und abgedruckter Text, anonym
Melodie: Volksweise
Satz: Sebastian H. Unterberger, 2018/2

135

DEM HÖLLBACHER SEIN ZAHN

Der Höllbacher behauptet, ich habe ihm einen Zahn ausgeschlagen, 1964, beim Adventsingen im Festspielhaus.

Eine Geschichte von
Walter Müller

Beim 40-Jahr-Matura-Jubiläumstreffen ist er mit dieser Geschichte dahergekommen. »Weißt du noch, wie du mir den Zahn ausgeschlagen hast, 64, beim Adventsingen?« – Jetzt habe ich, so wahr mir Gott helfe, nie gegen jemanden die Hand erhoben, niemals irgendwem einen Zahn ausgeschlagen. Ich bin ein durch und durch friedfertiger Mensch und bitte sogar die Gelsen um Verzeihung, ehe ich sie auf meinem von ihnen gepeinigten Körper so sanft wie möglich zerquetsche. Einem anderen Hirten was zu Leide tun? Gott bewahre! Und schon gar nicht im Advent. Und schon überhaupt nicht auf der Bühne!
Wir haben dann über alles Mögliche geredet – über alte Schulzeiten, schrullige Professoren, über unsere Karrieren, unsere Familien, über die Pensionsreform; aber nicht mehr über dem Höllbacher seinen Zahn. Und trotzdem nagt der immer noch in mir. Der hat sich in meine Seele verbissen, gewissermaßen. Ich, ausgerechnet ich, 1964 ...?

Aus dem 64er Jahr weiß ich noch eine ganze Menge. Dass die Beatles damals »Komm gib mir deine Hand« gesungen haben, auf Deutsch. Wie der Eisverkäufer am Strand von Caorle geheißen hat: Antonio. Welche Farbe der Wetterfleck von Biggi, meiner Jugendliebe, der heimlich Angebeteten, hatte – ein tiefes Himmelsblau. Und dass Egon Zimmermann Olympiasieger im Abfahrtslauf geworden ist und seine Schwester Edith Zimmermann bei den Damen immerhin Zweite. Zimmermann. Da fällt mir Josef ein.

Und Maria. Das Adventsingen im Festspielhaus. Der Zahn vom Höllbacher. Jetzt sind die Hirten in den Geschichten der Adventschreiber und Krippenspielautoren vom Evangelisten Lukas bis zu Karl Heinrich Waggerl oder Tobi Reiser, dem Älteren und dem Jüngeren so manches: vorlaut, schwerhörig, verschlafen, aberwitzig, einfältig. Aber niemals gewalttätig! Gewalttätig wird es frühestens in den Passionsgeschichten, wenn etwa der Apostel Petrus dem Soldaten Malchus mit dem Schwert ein Ohr abschlägt.

Aber wir sind noch nicht einmal bei Christi Geburt. Wir sind erst auf dem Weg zum Stall. Im Advent wird nicht gerauft und gekämpft. Da wird angebetet und gesungen; gepascht meinetwegen. In die Hände und nicht ins Gesicht. Im Advent schlägt keiner einem anderen einen Zahn aus. Und ich schon gar nicht.

Das heißt: Ich bin es doch gewesen. Unabsichtlich. Ein dummer Zufall. Jetzt ist es ja so: Die Zeit zwischen der Verkündigung und der Anbetung ist manchmal so lang wie zweimal Fegefeuer, vor allem für aufgeweckte Junghirten, die regungslos auf einer hübsch geschmückten Bühne herumliegen und warten sollen. Und so tun müssen, als würden sie schlafen. Der Engel weckt ja erst ziemlich spät. Zu spät nach unserem Geschmack. Also haben wir uns die endlosen Minuten vertrieben, indem mitgebrachte Nüsse mit den Hirtenstöcken von einer regungslos liegenden Truppe zur anderen gekickt wurden. Am gemischten

Chor und an den Musikanten vorbei. Aber so, dass niemand etwas merkte. Und schon gar nicht das Publikum. Advent-Pfitschigagerln. Hirten-Billard, sagt man wohl heute.

Ich hätte ausgeholt, behauptet der Höllbacher, und ihm, der blöderweise dicht hinter mir lag, den Zahn ausgeschlagen, mit dem Stock. Er hat nichts gesagt damals, nicht gejammert. Nicht einmal nach dem Andachtsjodler. Er hat sich stillschweigend umgezogen und ist heimgegangen. Er war einer von den tapferen Hirten. Das muss ein Schmerz gewesen sein!!! Denke ich heute. Und wie es ihm wohl kalt durch die Zahnlücke gezogen hat, vor allem beim Singen – »Wia ssschön glänzzzt die Ssssunn'...«

Hauen wir nicht manchmal, ohne dass wir es wissen, einem, der gar nicht unser Feind ist, einen Zahn aus, symbolisch? Aus purem Eifer, aus reiner Gedankenlosigkeit? Weil wir nicht spüren, was neben uns, was hinter uns vorgeht? Ohne böse Absicht, aber trotzdem? Ich werde einmal eine Geschichte schreiben, in der einer dem Jesuskind seinen ausgeschlagenen Zahn als Gabe an die Krippe bringt. Statt Weihrauch oder Filzpantoffelchen. Josef und Maria werden fragen: »Wo hast du diesen hübschen Zahn her?« Und der Hirte wird sagen: »Den hat mir der Müller ausgeschlagen, unabsichtlich!«

Und wir drei, der Höllbacher, sein Zahn und ich, werden gebenedeit sein in alle Ewigkeit. — ✺

DER LAUF DER ZEIT

Die Adventzeit ist eine Erholungszeit für mich. Eine Zeit, in der ich in mich gehe, die mich stärkt und mir Energie gibt. So wie mein Mann und ich als Kinder das am Land erlebt haben, so haben wir das weitergetragen. Nicht immer alles, aber unserem Leben angepasst, denn man ist ja in verschiedenen Phasen anders fokussiert. Die beschauliche, ruhige und zauberhafte Grundstimmung haben wir jedoch unseren Kindern vermittelt. Für manch anderes war ich vielleicht damals zu jung oder hatte keine Zeit, dafür kommen heute meine Enkel voll in den Genuss.

Was wir allerdings immer schon als großes Familienfest zelebriert haben, war Krampus und Nikolaus, weil da früher Hotel und Restaurant geschlossen waren. Noch heute kommen wir am 6. Dezember in meinem Haus zusammen, meine Kinder und meine mittlerweile sechs Enkelkinder. Da sitzen dann alle aufgeregt im Kreis herum und es ist ein ziemliches Gewurl, bis endlich der Nikolaus mit zwei Krampussen, einem Engel, einer Hexe und zwei Knechten erscheint. Ganz still wird es plötzlich und die Kinder warten gespannt, wer den Stab vom Herrn Nikolaus halten darf. Aus einem großen Buch liest er dann die guten Taten vor und ermahnt, was besser gemacht werden könnte. Keiner wird ausgelassen, selbst die Oma und der Opa nicht, die ja auch nicht immer brav sind und ab und zu vom Krampus eine hinten draufbekommen.

Nachher geht's ans Essen, das habe ich schon den ganzen Tag vorgekocht, nur einfache Sachen. Zuerst eine Grießnockerlsuppe, die lieben alle. Dann einen Tafelspitz mit Spinat, Röstkartoffeln und Apfelkren, das ist leicht und gesund. Und dann gibt es Omas Schokolade-Gugelhupf (das Rezept habe ich in diesem Buch zu einer Weihnachtstorte umgewandelt, die Masse ist aber dieselbe).

Den muss ich auch immer mitbringen, wenn ich im Advent meine Enkeltöchter Sophie und Marie in Bad Kleinkirchheim besuche. Mit Marie habe ich ihn letztes Jahr schon gemeinsam gebacken, weil sie ihn in Zukunft ganz alleine machen möchte. Das Besondere daran ist wahrscheinlich die Prise Zimt, die dem Ganzen so eine weihnachtliche Note verpasst.

In Bad Kleinkirchheim baut meine Tochter Simone vor ihrem Hotel seit ein paar Jahren einen ganz entzückenden Weihnachtsmarkt auf. In meiner Jugend war das ja noch nicht so üblich wie jetzt. In Radstadt zum Beispiel gab es so etwas noch gar nicht. Ich war allerdings beim Radstädter Kinderchor, ein ganz bekannter Chor, sogar mit einer eigenen Radiosendung. Im Advent waren wir immer eingeladen, einmal in der Stadt Salzburg, ich glaube es war im Festspielhaus, zu singen. Anschließend durften wir noch durch den Christkindlmarkt gehen, na das war vielleicht aufregend.

Seither liebe ich Christkindlmärkte über alles. Das Glitzern, die Atmosphäre, die Klänge und der Geruch von Bratäpfeln, Orangen und Zimt. Mit meinen Enkeln gehe ich heute aber lieber nach Hellbrunn, da gibt es echte Tiere und die Stimmung ist weihnachtlicher als in der Stadt.

Am schönsten finde ich jedoch den Adventmarkt bei uns hier in Filzmoos in der Alm. Er ist klein, aber er zieht sich in Stationen von der Unterhof- über die Oberhofalm bis hinauf zum Almsee. Mitten in der Natur stapft man von Hütte zu Hütte, alles ist beleuchtet. In einer erzählt jemand Geschichten, in einer werden Holzarbeiten gemacht, in einer kannst du mit ein paar Frauen singen, es gibt Glühwein, ein paar Schafe stehen herum und alles ist sehr authentisch.

Spazierengehen und Geschichten erzählen, das ist etwas, das bei meinen Kindern vielleicht zu kurz gekommen ist. Heute verstehe ich besser, wie wichtig das für Kinder ist und hole es mit den Enkeln nach. Früher war immer das Hotel wichtig, heute bin ich Oma, habe Zeit und trete überhaupt leiser. Ich genieße das sehr und sie auch.

Advent beginnt also für mich jetzt, wenn ich im Dezember meinen Enkel Simon zur Schule abhole. Ich habe in Salzburg-Stadt eine kleine Wohnung, nicht weit von meinem Sohn Didi entfernt. Um sieben Uhr wartet dort Simon auf mich, der Kleinere, der Jonas, ist da schon im Kindergarten. Ich darf ja nicht zu spät kommen, das mag Simon gar nicht. Zu zweit, nur begleitet von meiner Pauline, meiner alten Labradorhündin, stapfen wir in der Dunkelheit zum Nachbarhaus und holen dort Simons Freund ab. »Oma Maier«, sagt er dann immer zu mir, »Oma Maier, was erzählst du uns denn heute für eine Geschichte?« Und dann beginne ich zu erzählen. Meistens lasse ich mir etwas einfallen, das zu ihnen passt, über Kinder, die in der Kälte zur Schule gehen, einer ist klein, einer ist groß – und sie hören ganz aufmerksam zu. Wenn wir dann im Gänsemarsch auf einem schmalen Pfad ein Feld überqueren, singen wir ein Weihnachtslied. Das ist so eine schöne Stimmung, weil es stockdunkel und eisig kalt ist und die Kinder viel ruhiger als im Sommer sind. Wenn wir dann nach einer halben Stunde zur Schule kommen, ist es schon hell.

Simon und Jonas kommen mich auch gerne in meiner Wohnung besuchen. Da gibt es zwar keinen Fernseher, aber den brauchen sie nicht, genauso wenig wie ein Handy. Wir heizen den Ofen ein, der Kleinere legt ein paar Kräuter drauf, es gibt Apfeltee mit Zimt, dazu Kekserln und ich lese ihnen Geschichten vor. In dieser kuscheligen Atmosphäre können sie ganz Kind sein. Sie werden verzaubert von den Gerüchen, den Geschmäcken und den Bildern ihrer Fantasie – ganz genauso, wie mir einst meine Oma den Advent und Weihnachten zu einer wunderbar magischen, einer sinnlichen Zeit gemacht hat.

Kling, Glöckchen, klingelingeling

Christkind(l)lied, das gabenbringende Christkind bittet um Einlass, Winterlied

Text: Karl Enslin (1819–1875), 1854
Melodie: Volksweise 19. Jahrhundert
Satz: Sebastian H. Unterberger, 2018/2

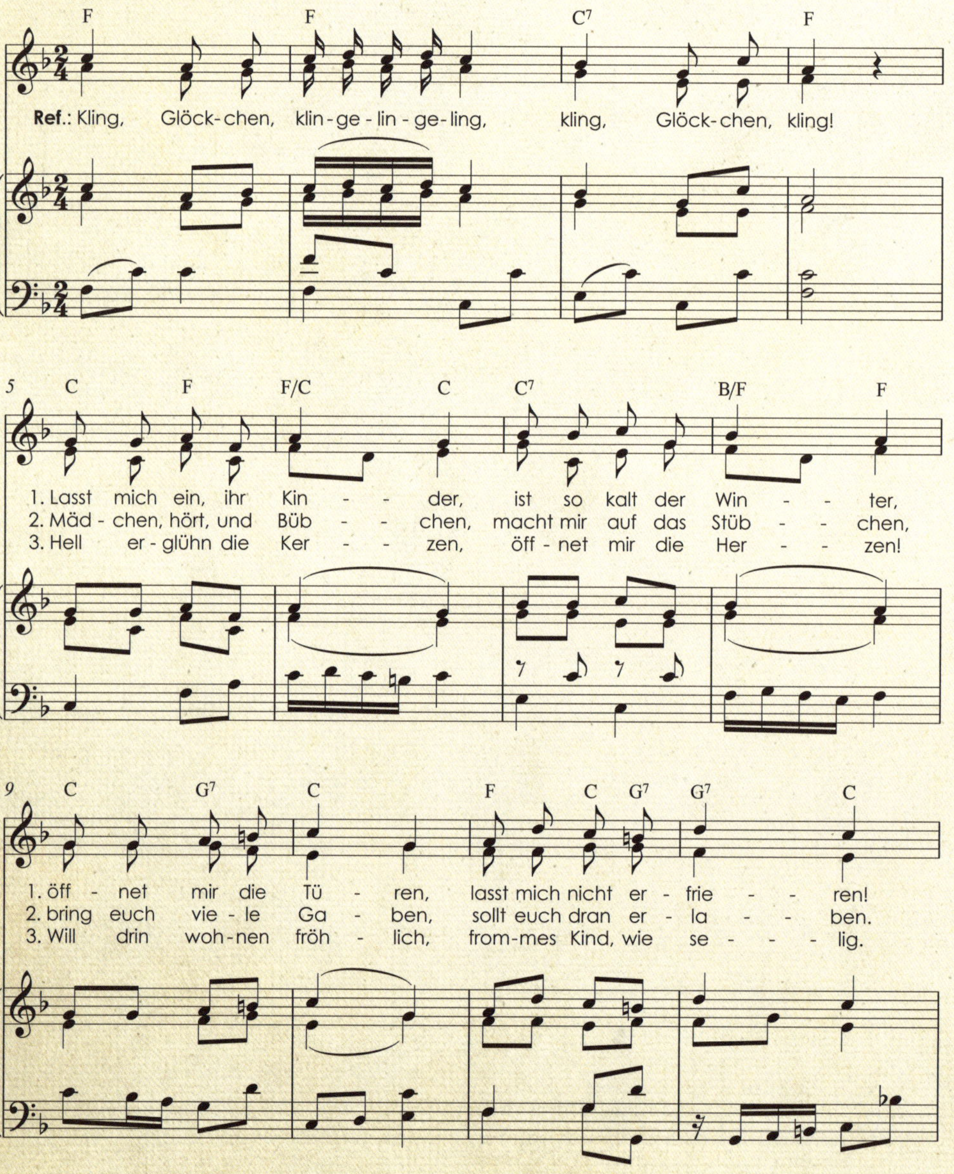
F F C7 F
Ref.: Kling, Glöck-chen, klin-ge-lin-ge-ling, kling, Glöck-chen, kling!
5 C F F/C C C7 B/F F
1. Lasst mich ein, ihr Kin - - der, ist so kalt der Win - - ter,
2. Mäd - chen, hört, und Büb - - chen, macht mir auf das Stüb - - chen,
3. Hell er-glühn die Ker - - zen, öff - net mir die Her - - zen!
9 C G7 C F C G7 G7 C
1. öff - net mir die Tü - ren, lasst mich nicht er - frie - - ren!
2. bring euch vie - le Ga - ben, sollt euch dran er - la - - ben.
3. Will drin woh-nen fröh - lich, from-mes Kind, wie se - - - lig.

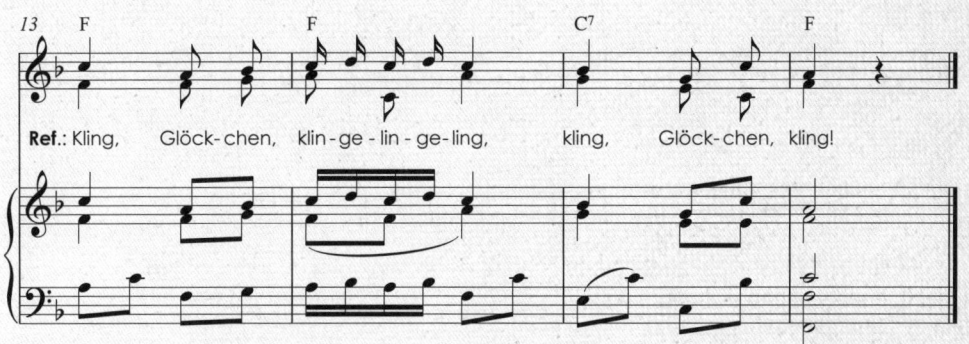

Vanillekipferl

ZUTATEN

220 g glattes Mehl
50 g Staubzucker
70 g Mandeln, fein gerieben
1 Prise Salz
1 TL Bourbon-Vanillezucker
1 Dotter
150 g gekühlte Butter

Mehl zum Ausarbeiten
Staubzucker und Vanillezucker zum Wenden
Backtrennpapier

ZUBEREITUNG

Mehl mit Staubzucker, Mandeln, Salz und Vanillezucker gut vermengen.

Dotter zugeben. Butter mit der groben Seite der Küchenreibe darüber reiben und alles rasch mit den Händen zu einem glatten Teig verarbeiten, in Folie wickeln und ca. 1 Stunde kaltstellen.

Backrohr auf 180 °C Ober-/Unterhitze vorheizen

Teig in 4 gleichgroße Streifen schneiden, jeden Streifen zu einer ca. 3 cm dicken Rolle formen, diese in 2 cm große Stücke schneiden. Teigstücke zu Rollen wuzeln und Kipferl formen. Auf ein mit Backtrennpapier ausgelegtes Backblech legen, im Rohr ca. 8–10 Minuten goldbraun backen. Aus dem Rohr nehmen, Kipferl abkühlen lassen.

Staubzucker mit Vanillezucker in einem tiefen Teller vermischen und die noch lauwarmen Kipferl darin wälzen. In einer Dose lagern.

Schokowürfel
mit Pekannüssen

ZUTATEN

200 g Butter, klein geschnitten
200 g Zartbitterschokolade, grob geschnitten
180 g Staubzucker
1 Prise Süße Küche*
Schale von 1 unbehandelten Zitrone
4 Eier, zimmerwarm
2 gehäufte EL glattes Mehl
Backtrennpapier

Glasur

80 g Zartbitterschokolade
3 EL Obers
100 g geröstete Pekannüsse

Staubzucker zum Bestreuen

ZUBEREITUNG

Butter und Schokolade im Wasserbad langsam schmelzen.

Backrohr auf 160 °C Ober-/Unterhitze vorheizen.

Zucker, Süße Küche und Zitronenschale in die Schokoladen-Butter-Masse mischen.

Zimmerwarme Eier nach und nach in die Masse einrühren.

Mehl vorsichtig unterrühren, die Masse sollte leicht glänzend sein.

Masse in die mit Backtrennpapier ausgelegte Form füllen und ca. 20 Minuten backen. Auskühlen lassen.

Für die Glasur: Schokolade grob hacken, im Wasserbad schmelzen, Obers unterrühren. Mit einem Kaffeelöfferl über der gebackenen Masse verteilen. Mit Pekannüssen belegen und abkühlen lassen, in Würfel schneiden und mit Stauzucker ausgarnieren.

Aus der Masse kann man auch eine Schokoladentarte (Form mit 20–22 cm Durchmesser) machen.

Kokosbusserl ❸
mit Topfen

ZUTATEN

4 Eiklar
150 g Zucker
60 g Topfen (20 %)
200 g Kokosflocken

Backtrennpapier

ZUBEREITUNG

Eiklar mit Zucker schaumig aufschlagen, dann die restlichen Zutaten zugeben und gut verrühren. Teig 20 Minuten im Kühlschrank rasten lassen.

Backrohr auf 160 °C Ober-/Unterhitze vorheizen.

Mit einem Teelöfferl Busserl aus der Masse formen und auf ein mit Backtrennpapier ausgelegtes Backblech legen. Im vorgeheizten Rohr ungefähr 10–15 Minuten backen. Die Busserl sind fertig, wenn die Spitzen goldbraun sind.

Himbeer-Herzen ④

ZUTATEN

300 g Mehl
1 Prise Zimt
1 Prise Salz
100 g Staubzucker
Schale von ½ unbehandelten Zitrone, fein abgerieben
200 g Butter
1 Ei

Mehl zum Ausarbeiten
150 g Himbeermarmelade, passiert
Staubzucker zum Bestreuen

ZUBEREITUNG

Mehl mit den Gewürzen und Staubzucker auf eine Arbeitsfläche sieben. Zitronenschale darüber reiben.

Butter mit der groben Seite der Küchenreibe darüber reiben, Ei zugeben und alle Zutaten rasch mit den Händen zu einem glatten Teig verarbeiten.

Teig in Folie wickeln und ca. 1 Stunden kaltstellen.

Backrohr auf 160 °C Ober-/Unterhitze vorheizen.

Teig ca. 10 Minuten bei Küchentemperatur rasten lassen, auf einer bemehlten Arbeitsfläche dünn ausrollen.

Mit einer runden Form Kekse ausstechen, auf ein mit Backtrennpapier ausgelegtes Backblech legen.

In die Hälfte der Kekse mit einer kleinen, herzförmigen Form Herzerl stechen, im Rohr ca. 8–10 Minuten backen.

Marmelade etwas erwärmen, auf die Hälften der Kekse ohne Herz streichen und mit einem Herzerl-Keks zusammensetzen.

Kekse noch warm mit Staubzucker bestreuen.

Mohnstangerl ⑤
mit Orangenglasur

ZUTATEN

Mürbteig
200 g Mehl, glatt
80 g Staubzucker
100 g Mohn, gerieben
1 TL Bourbon-Vanillezucker
1 Ei, zimmerwarm
Schale von ½ unbehandelten Orange, fein gerieben
½ TL Süße Küche* oder Zimt
150 g Butter

Mehl zum Ausarbeiten
Staubzucker zum Bestreuen
Backtrennpapier

Für die Glasur
120 g Staubzucker
Saft von 1–2 Orangen

ZUBEREITUNG

Mürbteig
Mehl mit Staubzucker, Mohn und Vanillezucker vermengen. Ei, Orangenschale und Süße Küche zugeben.

Butter mit der groben Seite der Küchenreibe darüber reiben und alles rasch mit den Händen zu einem glatten Teig verkneten. Teig mindestens 1 Stunde kaltstellen.

Backrohr auf 180 °C Ober-/Unterhitze vorheizen.

Teig auf einer bemehlten Arbeitsfläche dünn ausrollen und Stangen schneiden. Auf ein mit Backpapier ausgelegtes Backblech legen, im Rohr auf der mittleren Schiene etwa 10 Minuten backen.

Für die Glasur
Staubzucker mit so viel Orangensaft verrühren, dass die Masse dickflüssig ist.

Die abgekühlten Mohnstangerln in die Masse eintauchen, auf ein Gitter zum Trocknen legen.

Schaumrollen 6

ZUTATEN

300 g Butterblätterteig
1 Ei zum Bestreichen

Fülle
4 Eiklar
220 g Zucker
1 Spritzer Essig
1 Msp. Backpulver

Schaumrollenformen
Staubzucker zum Bestreuen
Backtrennpapier

ZUBEREITUNG

Backrohr auf 200 °C Ober-/Unterhitze vorheizen.

Den Butterblätterteig in 2,5 cm breite und 20 cm lange Streifen schneiden. Die Streifen überlappend auf die Schaumrollenform aufrollen.

Mit Ei bestreichen, auf mit Backtrennpapier ausgelegtes Blech legen und im vorgeheizten Rohr goldbraun backen. Noch heiß von den Formen lösen und auskühlen lassen.

Fülle
Für die Fülle Eiklar mit Zucker gut schaumig rühren. Die Masse ist fertig, wenn sie steife Spitzen bildet. Backpulver und Essig zufügen. Noch 1 Minute weiterrühren. Die ausgekühlten Rollen mit der Schaummasse füllen.

Beschwipste Schokolade Kurkuma Latte

ZUTATEN

Beschwipste Schokolade

½ l Milch

2 EL Kakaopulver (am besten Bensdorp)

10 g Zartbitterschokolade

1 Prise Süße Küche*

1 Prise getrocknete Chilischoten

Weinbrand oder Whiskey (für Erwachsene)

4 EL cremig geschlagenes Obers

Kurkuma Latte

½ l Mandel-Milch, ungesüßt

1 EL Kurkuma Latte* (alternativ: je 1 Prise Kurkuma, Zimt und Bourbon-Vanille, Salz und Pfeffer)

Honig nach Geschmack

ZUBEREITUNG

Beschwipste Schokolade

Milch mit Kakao aufkochen. Schokolade in der heißen Flüssigkeit schmelzen. Abschmecken und in Gläser oder Tassen füllen. Mit 1–2 Esslöffel Schlagobers garnieren.

Kurkuma Latte

Mandelmilch mit Kurkuma Latte oder den Aromaten aufkochen. Auf Trinktemperatur abkühlen lassen, Honig einrühren und servieren.

KNUSPER, KNUSPER, HÄUSCHEN

Eiszapfen aus Zuckerguss, Mandeln als Dachziegel und Zuckerperlen, die an Lüftlmalerei erinnern – ein Lebkuchenhaus ist ein süßes Stück Architekturkunst. Am schönsten ist es, wenn die ganze Familie gemeinsam daran bastelt.

DAS BRAUCHT MAN

Für den Teig
- 500 g Honig
- 125 ml Wasser
- 300 g Roggenmehl
- 330 g Weizenmehl
- 30 g Lebkuchengewürz
- 15 g Natron

Für die Glasur
- 2 Eiklar
- 150 g Staubzucker
- 1 TL Zitronensaft

Für die Dekoration
- ca. 40 g geschälte, halbierte Mandeln
- Zuckerperlen und -herzen
- ev. Staubzucker und Kokosflocken zum Bestreuen

Außerdem
- 1 langes Lineal
- Karton für die Schablonen
- 1 Schere
- Zahnstocher und Holzspieße
- Ausstechformen
- Papier zum Stanitzelbasteln

SO WIRD'S GEMACHT

Wasser kurz aufkochen, **Honig einrühren** und abkühlen lassen.

Beide **Mehlsorten** in eine große Schüssel sieben und in die Mitte eine Mulde drücken. Honigwasser mit Lebkuchengewürz zum Mehl geben und locker vermischen. Natron zugeben, die Masse auf eine Arbeitsfläche stürzen und zu einem geschmeidigen Teig verkneten.

Mit **Frischhaltefolie** bedecken und mindestens 12 Stunden kühl stellen.

SO WIRD'S GEMACHT

1. Für die einzelnen Teile des Lebkuchenhauses wie folgt Schablonen aus Karton ausschneiden:

Vorder- und Rückseite:
Giebelhöhe 21 cm
Breite in der Mitte 12 cm
Breite unten 8 cm
Seitenwandhöhe 8 cm

2 Seitenwände:
Höhe 8 cm
Länge 8 cm

2 Dachplatten:
je 17 × 12 cm

Bodenplatte:
ca. 20 × 16 cm

Ungefähr **drei Viertel des Lebkuchenteiges** auf einer mit Mehl bestäubten Arbeitsfläche circa 1 cm dick **ausrollen**, mithilfe der Schablonen die Teile für das Haus ausschneiden. Aus dem restlichen Teig nach Lust und Laune zum Beispiel Tannenbäume, einen Zaun, einen Holzhaufen, einen Schneemann oder einen Kamin für das Haus ausschneiden.
In der Zwischenzeit das Backrohr auf **170 °C Umluft vorheizen**.

2. Die **Teigteile** auf mit Backpapier belegte Bleche legen. 1 Eiklar in eine kleine Schüssel schlagen und leicht versprudeln. Mandelhälften mit Eiklar bestreichen und auf die Dachteile kleben. Lebkuchen im Backrohr – je nach Größe – 10 bis 15 Minuten nicht zu dunkel backen.

3. Sofort nach dem Backen aus dem noch weichen Lebkuchen die **Fenster** und die **Tür** aus der Vorderseite und den Seitenwänden ausschneiden bzw. ausstechen.

4. Das Lebkuchenhaus mit Zahnstochern **zusammenstecken**. Eventuell überstehende Teile der Zahnstocher mit einer Zange abzwicken.

5. Staubzucker mit dem zweiten Eiklar und Zitronensaft zu einer glatten, zähflüssigen **Creme** verrühren. Die Creme dient gleichzeitig als **Glasur** und **Klebstoff**. Sie lässt sich am besten mithilfe eines Papierstanitzels aufspritzen. Die Fugen von Wänden und Dach werden mit der Glasur verklebt.

6. Mit Zuckerglasur in einem dünnen Faden ein Ziegelmotiv um die **Mandeln** auf der Dachplatte auftragen.

7. Das Haus mit Glasur, Zuckerperlen, -herzen und/oder -plättchen bekleben und **verzieren**. Man kann dazu auch Mandeln, Nüsse, gehackte Pistazien oder kandierte Früchte verwenden.

8. Auf den Dachfirst und an die Giebelkanten mit viel Zuckerglasur **Schneehaufen** und **Eiszapfen** setzen. Zuletzt einen Kamin auf das Dach kleben und das Haus auf die Bodenplatte stellen. Eventuell noch einen beschneiten Holzhaufen vor das Haus setzen und einen Zaun basteln.

EIN FESTMAHL FÜR VÖGEL

Alle Tiere in unserer Gegend sind meine Freunde.
In der Nähe von meinem Haus in Filzmoos steht eine Futterkrippe.
Manchmal, wenn ich im Winter aus dem Fenster schaue, sehe ich eine
ganze Rehfamilie, die sich rundherum schart. Auch unseren kleinen
gefiederten Freunden sollte in den kalten Tagen geholfen werden.

Körndltorten
Vögel füttern ist fast überall möglich, auch an Fensterläden oder auf Balkonen. Diese selbstgemachten Törtchen sind dekorativ und lassen sich platzsparend befestigen.

Vogelfutter kann man leicht mit ausgedienten Keksformen selber machen, das schmückt gleich auch noch Fenster oder Garten. Eine **Fettkörnermischung** aus Sonnenblumenkernen (geschält und ungeschält), Leinsamen und Quinoakörnern in beliebige Keksformen drücken, kalt stellen und dann aufhängen.

Sonnenblumenkerne in erwärmtes Kokosfett mischen, dann in **Pralinenförmchen** aus Papier füllen. Aus **Blumendraht** ein Ringerl formen und zur Hälfte in der Masse versenken. Im Kühlschrank erkalten lassen. Papierförmchen abschälen, eine kleine Kordel oder ein Geschenkband durch den Ring fädeln und die Körndltörtchen damit aufhängen.

JOSEPH MOHR

VON DER STILLEN NACHT

Was wäre Weihnachten ohne »Stille Nacht«? Ich kann mir das gar nicht vorstellen. Erst wenn die ganze Familie um den Baum versammelt ist und gemeinsam dieses Lied singt, dann ist das Christkindl wirklich da. Joseph Mohr, der den Text um 1816 geschrieben hat, hat einige Jahre in Wagrain, ganz in der Nähe meiner Heimat, gelebt. Seine Geschichte erzählt viel vom Leben in der damaligen Zeit.

Am 11. Dezember 1792 kam Joseph Franz Mohr in der Stadt Salzburg vermutlich in einem Armenhaus zur Welt. Er war das uneheliche Kind der Strickerin Anna Schoiber aus Hallein, die als Vater des Buben Franz Mohr angab. Der gebürtige Lungauer stand als Musketier im Dienste von Fürsterzbischof Colloredo, war aber kurz vor der Geburt seines Sohnes geflohen. Ein Verbrechen, genauso wie damals ein uneheliches Kind zur Welt zu bringen, das dadurch gleich einmal stigmatisiert war. Als Taufpate sprang noch in derselben Nacht Joseph Wohlmuth ein. Er war Salzburgs letzter Scharfrichter und er bemühte sich, mit Kirchendiensten und als Pate lediger Kinder seinen schlechten Ruf zu verbessern.

Mit seiner Mutter und Großmutter wuchs der Bub in bitterer Armut in der Salzburger Steingasse 31 auf. Bald aber zeigte er musikalisches Talent und intelligent war er obendrein. Also nahm ihn Domvikar Johann Nepomuk Hiernle unter seine Fittiche. Er schickte Joseph Mohr aufs Akademische Gymnasium, finanzierte ihm ein Philosophie-Studium in Kremsmünster und verschaffte ihm eine päpstliche Sondergenehmigung fürs Salzburger Priesterseminar, das ihm als unehelichem Kind sonst verwehrt gewesen wäre. Auch für seine Priesterweihe 1815 brauchte der erst 23-Jährige extra eine Genehmigung, weil er noch nicht 25 war.

Seine erste Stelle führte ihn nach Mariapfarr, den Heimatort seines Vaters. Der Lungau an sich ist ja klimatisch von eher rauer Natur, der junge Hilfspriester kam aber noch dazu im Jahr 1816 hierher, das als »Jahr ohne Sommer« in die Geschichte einging. Ein Jahr zuvor war in Indonesien der Vulkan Tambora ausgebrochen, der Asche und Schwefelverbindungen hoch in die Atmosphäre schleuderte, mit katastrophalen Auswirkungen auch in Europa. Niedrige Temperaturen, Regen, Überschwemmungen und starke Schneefälle vernichteten die Ernten und brachten Hunger und Elend über die Menschen.

In Mariapfarr war Joseph Mohr – der Stadtinger, wie man damals sagte –, dem Glück und Zufall zu Bildung verholfen und damit den Weg zu einem besseren Leben eröffnet hatten, erstmals mit Not und Elend der Bergler konfrontiert. Dazu war sein Körper der Kälte nicht gewachsen, er wurde krank und 1817 in etwas wärmere Gefilde nach Oberndorf an der Salzach versetzt.

In seiner Tasche brachte er das fix fertige sechsstrophige Weihnachtsgedicht vom »Holden Knaben im lockigen Haar« mit. Heute geht man davon aus, dass ihn dazu das Gnadenbild der »Schönen Madonna in Anbetung der drei Weisen« in der Kirche von Mariapfarr inspiriert hat, die ein blondgelocktes Jesukind in den Armen hält.

In Oberndorf kam es zur legendären Begegnung mit dem Dorfschullehrer und Organisten Franz Xaver Gruber. Der Priester überreichte dem Lehrer sein Gedicht und bat ihn »... eine hierauf passende Melodie für 2 Solostimmen und für eine Gitarre-Begleitung schreiben zu wollen« (Notiz von Gruber). Nach der Christmette 1818 erklang erstmals das Lied, gesungen von den beiden Freunden und mit Gitarrenbegleitung von Joseph Mohr. Lange wurde erzählt, die Gitarre sei nur eine Notlösung anstelle der kaputten Orgel gewesen, heute weiß man, dass Franz Xaver Gruber es genauso komponiert hatte.

Die Gitarre wurde in den nächsten Jahren zum treuesten Begleiter von Joseph Mohr. Der brillante Priester war stark sozial engagiert, was ihn einerseits beliebt machte. Andererseits war er ein streitbarer Geist, der oftmals aneckte. Er verließ Oberndorf 1819 und führte ein eher unstetes Leben im Dienste der Kirche.

Sein Weg führte ihn nach Anthering, Golling, Kuchl, Eugendorf und Bad Vigaun, bis er als Vikar nach Hintersee kam, wo er erstmals länger blieb.

Nach Wagrain kam Joseph Mohr schließlich 1837. Auch hier war sein Verhältnis zu den Einheimischen zwiespältig. In seinem Briefverkehr mit der Salzburger Diözese beschwerte er sich unter anderem: »... der Priester ist hier im Gebirge des Bauern Hund, bey einer so versoffenen Diebs- und Lappengemeinde.« Vor allem konnte und wollte er nicht akzeptieren, dass Kinder für die Bauern billige Arbeitskräfte waren. Er verlangte, dass sie zur Schule gehen sollten.

Dank seines Engagements wurde schließlich ein eigenes Schulhaus gebaut. Außerdem initiierte er ein Armen- und Altenhaus, damit die ausgedienten Mägde und Knechte nicht mehr alle drei Tage bei einem anderen Bauern um Unterschlupf bitten mussten. Ein längerer Aufenthalt auf den Höfen war ihnen nicht erlaubt.

Es war also Joseph Mohr, der als einer der Ersten den Keim für soziales Denken im wilden Bergland pflanzte. Das raue Klima aber setzte ihm zeitlebens zu. Als er 1848 mit nur 56 Jahren an einer Lungenlähmung als Folge einer Erkältung starb, wurde sein Lied »Stille Nacht« rundum bereits eifrig gesungen. Ein Erfolg, den der Priester aber nicht für sich verbuchte. Singen gehörte einfach zur Volkskultur und war ein Gemeinschaftserlebnis.

Heute gilt sein vertontes Gedicht als bekanntestes Weihnachtslied der Welt, das in über 300 Sprachen übersetzt wurde. In Wagrain hat man dem Lied sogar ein eigenes Museum gewidmet. Und am Grab von Joseph Mohr singen seit seinem Tod jedes Jahr im Advent die Wagrainer Kinder zur Erinnerung an sein soziales Wirken.

KUNSTVOLL BEDRUCKT

Wenn ich vor Weihnachten so dasitze und die Geschenke für die Kinder zu hübschen Packerln mache, wird mir ganz warm ums Herz. Schönes Papier ist so wichtig, weil es die Vorfreude auf die verhüllte Überraschung erhöht. Ist das Geschenkpapier selbstbedruckt, macht das Einpacken noch mehr Freude.

DAS BRAUCHT MAN

Papier
Nudelwalker, Tapezierwalze
doppelseitiges Klebeband
Filz, Spagat
Wellpappe, Wasser- oder Acrylfarben
Schere, Pinsel

SO WIRD'S GEMACHT

Zuerst die Nudelwalker zu **Druckwalzen** umfunktionieren. Für ein weihnachtliches Muster dienen Keksausstecher als Schablonen. Die Formen werden mit **Filzstift** auf dicken Filz abgezeichnet, ausgeschnitten und mit doppelseitigem Klebeband auf das Holz geklebt.

Oder man beklebt eine Tapezierwalze rundherum mit **Wellpappe**. So entstehen dann lustige Schlangenlinien.

Wird ein Kindernudelwalker straff mit **Spagat** umwickelt, gibt es auf dem Papier Linien; wird die Schnur gekreuzt, entsteht ein Karomuster. Jetzt die gewünschten **Farbtöne** zusammenmischen und die Applikationen damit bepinseln.

Die Farbe kann auch flächig auf eine glatte Unterlage wie eine **Glasplatte** aufgetragen und dann auf den Nudelwalker gewalzt werden.

Vor dem Drucken sicherheitshalber auf einem Stück **Packpapier** ausprobieren, wie viel Farbe aufgetragen werden sollte und wie fest man aufdrücken muss, damit die einzelnen Muster am besten zur Geltung kommen.

Trocknen lassen und dann ganz persönliche **Packerl** machen.

Sollte ein Druck einmal nicht gelingen, auf keinen Fall wegschmeißen. Daraus – ebenso wie aus der farbbekleckten Unterlage – lassen sich zum Papier passende Grußkarten oder kleine Geschenkanhänger ausschneiden.

Filzmooser Roggenbrot

ZUTATEN

Sauerteig-Ansatz
100 g Roggenmehl
100 g Wasser 25 °C warm

ZUBEREITUNG

Sauerteig-Ansatz

Mehl und Wasser verrühren und in ein Gefäß geben, abdecken und bei 25 °C stehen lassen. Nach 12 Stunden gut umrühren.

Nach 24 Stunden den Teig füttern: 100 g Roggenmehl und 100 g Wasser einrühren, wieder abdecken und einen weiteren Tag warm stellen.

Dieses Prozedere insgesamt fünfmal wiederholen. Der Teig soll dabei Blasen werfen.

Nach 5 Tagen ist der Sauerteig-Ansatz für das erste selbstgebackene Brot fertig.

Für das nächste Mal: Einen kleinen Teil davon (ca. 50 g) in ein Marmeladeglas geben und verschlossen im Kühlschrank aufbewahren. Dieses »Anstellgut«, oder die »Teigmutter«, alle zwei Wochen füttern (mit je 100 g Roggenmehl und Wasser), 8 Stunden abgedeckt im Warmen lassen und dann wieder verschlossen in den Kühlschrank stellen.

Krustenbrot, doppelt gebacken:
Nach dem ersten Backen 30 Minuten auskühlen lassen. Backrohr wieder auf 240 °C erhitzen und das Brot nochmals 25 bis 30 Minuten backen.

ZUTATEN

Sauerteig

400 g Wasser

190 g Roggensauerteig (Anstellgut)

300 g Roggenmehl

100 g Weizenmehl Universal

100 g Altbrotbrösel (altes, trockenes Brot zu Bröseln zerkleinern, abwiegen und danach mit ein paar Löffeln Wasser anrühren)

15 g Salz

10 g Würze: Anis, Fenchel, Koriander, Kümmel (grob gemörsert)

ev. 5 g Malzmehl

ZUBEREITUNG

Sauerteig

Alle Zutaten in eine Rührschüssel geben und mit einem Knethaken 10 Minuten zu einem glatten Teig verkneten.

In einer Schüssel bei Raumtemperatur ca. 30 Minuten gehen lassen.

Auf einer bemehlten Arbeitsfläche zu einer Teigkugel formen. In ein bemehltes Simperl (oder in eine formgebende Schüssel) mit der schönen Seite nach oben legen.

90 Minuten zugedeckt an einem warmen Ort rasten lassen.

Einen großen Topf mit Deckel im Backrohr auf 240 °C aufheizen.

Das Brot aus der Form direkt in den heißen Topf stürzen und 25 Minuten im geschlossenen Topf im Backofen backen.

Das Brot aus dem Topf nehmen, auf ein Gitter legen und mindestens 35 Minuten fertig backen. Das Brot ist fertig, wenn es eine Innentemperatur von 95 °C hat.

Auf einem Gitterrost auskühlen lassen.

187

Ziegenkäse
mit Haselnuss-Quendel-Honig

ZUTATEN

Ziegenkäse
250 g Ziegenfrischkäse
125 g Olivenöl
125 g Pflanzenöl
1 TL Wacholderbeeren
1 TL Bunter Bergpfeffer*
je 1 EL Rosmarin, Thymian und Salbei

Quendelhonig
100 g geröstete Haselnüsse, ungeschält
250 g österreichischer Bienenhonig
1 EL getrockneter Quendel oder Thymian

ZUBEREITUNG

Ziegenkäse
Ziegenfrischkäse zu Bällchen rollen, mit den übrigen Zutaten in ein Rexglas geben, verschließen. Im Kühlschrank bis zu zwei Wochen haltbar.

Quendelhonig
Alle Zutaten in ein Rexglas geben, hält bis zu 3 Monate.

Ziegenfrischkäse mit Honig servieren.

HEISS UND KALT ZUGLEICH

Eiskerzen sind ein schöner Blickfang im schneebedeckten,
winterlichen Garten. Es macht einen ganz romantisch,
wenn man den Flammen beim Tanzen zuschaut und seine Finger
dabei an einem Häferl mit einem heißen Getränk wärmt.

DAS BRAUCHT MAN

ein großes und
ein kleines Gefäß
Steine
Wasser
Teelichter
Stechpalmenasterl
Klebeband
Schere

SO WIRD'S GEMACHT

Das kleine **Gefäß** in die Mitte des großen stellen, mit Steinen beschweren und mit zwei Klebestreifen fixieren, damit es nicht an den Rand rutscht. Jetzt den Raum zwischen den beiden Gläsern bis knapp unter den Rand mit **Wasser befüllen** und die Stechpalmenasterl darin verteilen. Bei **Minusgraden** ins Freie oder alternativ in den Tiefkühler stellen. Bei circa -10 °C braucht es eine Nacht zum Durchfrieren. Beide Gefäße mithilfe von heißem Wasser entfernen, eine **Kerze** in die Mitte stellen und anzünden.

193

KERZENHALTER AUS RINDE

Für die weihnachtliche Tischdekoration hat natürlich jeder seine Vorlieben. Manchmal finde ich etwas bei meinen langen Spaziergängen durch die Filzmooser Natur, das man aufputzen und weiterverwenden kann. Eine hübsche Idee ist zum Beispiel, auf einem festlich gedeckten Tisch ein Stück Eichenrinde als Blickfang einzusetzen.

WICHTIG

Bitte immer nur mit abgestorbener Rinde, die man am Boden findet, basteln. Niemals Rinde von lebenden Bäumen herunterschneiden.

SO WIRD'S GEMACHT

Also zuerst nach einer abgestorbenen Eiche im Wald suchen und ein Stück **Rinde** abschälen. Mit einer Bürste gut säubern und in die gewünschte Länge und Breite schneiden. **Stumpenkerzen** in metallene Kuchenförmchen stellen und auf der Rinde platzieren. Falls nötig mit einer Feile begradigen, mit Nüssen, Bockerln und Schalen verzieren.

195

Knäckebrot
mit Rote-Rüben- und Mandel-Karotten-Aufstrich

ZUTATEN

Knäckebrot
je 30 g Haferflocken,
Dinkelflocken,
fein geschroteter Leinsamen
und Sonnenblumenkerne
1 TL Steinsalz*
1 TL Thymian, getrocknet
250 g Wasser
3 EL Leinsamenöl

Rote-Rüben-Aufstrich
100 g Rote Rübe,
geschält und weich gekocht
150 g mehlige Kartoffeln,
geschält und gekocht
2 EL Leinsamenöl
1 Prise Kardamom, gemahlen
1 Prise Zimt, gemahlen
Bauerngartensalz*
Kresse zum Garnieren

Mandel-Karotten-Aufstrich
150 g Mandeln
100 g Karotten, gedämpft
1 EL Walnussöl
1 TL Sesam
1 Msp. Ingwer, frisch gerieben
Bauerngartensalz*
1 EL Koriander oder Petersilie,
frisch gehackt
Kresse zum Garnieren

ZUBEREITUNG

Knäckebrot
Alle trockenen Zutaten in eine Schüssel geben, mit kochendem Wasser übergießen, Öl zugeben, gut verrühren und über Nacht zugedeckt quellen lassen.

Backrohr auf 140 °C Ober-/Unterhitze vorheizen.

Teig zwischen zwei Backpapieren auf einem Backblech ausrollen und im Rohr ca. 2 Stunden knusprig werden lassen.

Anschließend in Stücke brechen.

Rote-Rüben-Aufstrich
Die weichgekochten Roten Rüben in grobe Stücke schneiden und fein pürieren.

Kartoffeln durch die Kartoffelpresse drücken, mit den Rüben vermengen. Leinöl zugeben, mit Kardamom, Zimt und Bauerngartensalz abschmecken, mit Kresse garnieren.

Mandel-Karotten-Aufstrich
Alle Zutaten in der Küchenmaschine pürieren, mit Bauerngartensalz und frischem Koriander abschmecken, mit Kresse garnieren.

Ingwer-Zitronenkuchen
mit Rosmarin

ZUTATEN

150 g weiche Butter
150 g Staubzucker
1 Prise Salz
2 große Eier
Schale von 3 unbehandelten Zitronen, fein gerieben
2 EL Rosmarinnadeln, fein gehackt
200 ml Buttermilch
50 ml Gin
350 g Mehl, glatt
1 TL Natron
120 g kandierter Ingwer, fein gehackt
Butter und Mehl für die Form

Zitronensirup
Saft von 3 Zitronen
2 EL Kristallzucker

Zitronenglasur
120 g Staubzucker
Saft von 1–2 Zitronen

Kandierter Ingwer und frische Rosmarinzweige zum Dekorieren

ZUBEREITUNG

Kastenform (ca. 26 cm lang) mit Butter ausstreichen und bemehlen. Backrohr auf 160 °C Ober-/Unterhitze vorheizen.

Weiche Butter, Staubzucker und Salz in einer Rührschüssel ca. 5 Minuten schaumig aufschlagen. Eier nach und nach zugeben und 3 Minuten weiterrühren.

Zitronenschale, Rosmarin, Buttermilch und Gin zugeben und mit einem Kochlöffel leicht verrühren. Mehl mit Natron versieben und mit dem Ingwer unter den Teig rühren.

In die Form füllen, glattstreichen und ca. 45–50 Minuten backen. Kuchen in der Form überkühlen lassen und auf eine Platte geben.

Zitronensirup
Zitronensaft und Zucker in einen kleinen Topf geben und 2–3 Minuten sprudelnd kochen lassen. Mit einem Holzspieß kleine Löcher in den Kuchen einstechen und mit dem heißen Sirup beträufeln.

Zuckerglasur
Zucker mit Zitronensaft glattrühren, Kuchen damit dekorativ übergießen. Mit Ingwer und Rosmarin dekorieren.

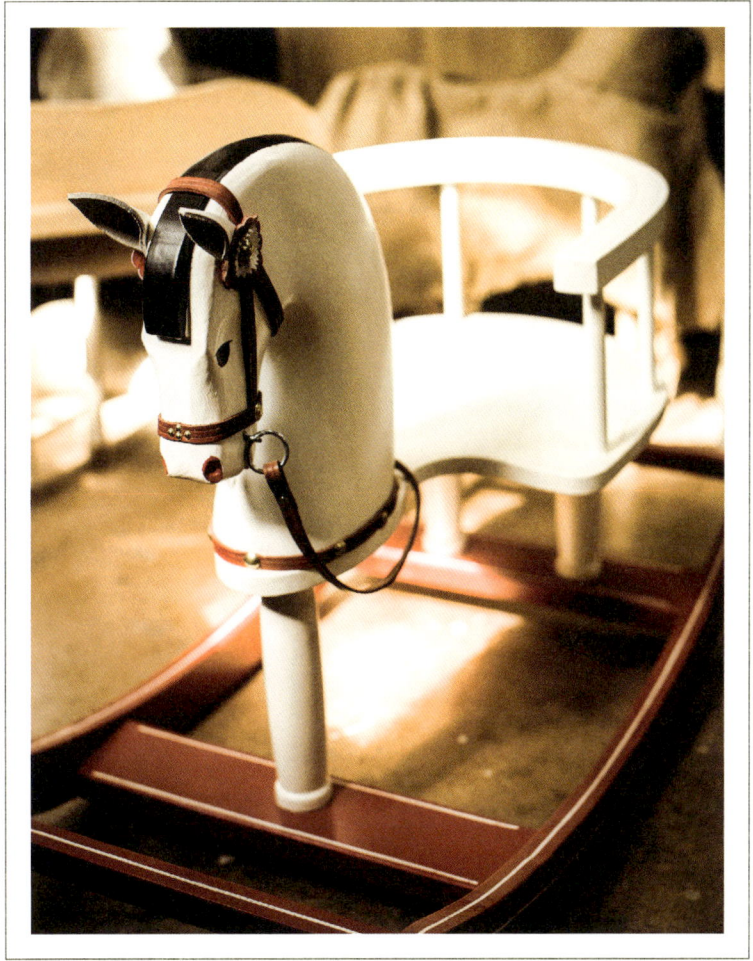

SCHMUCKE KRIPPERLN

Die ersten Exemplare bestanden – dem Lukasevangelium entsprechend – zunächst nur aus Ochs, Esel und dem Jesuskind. Erst im Mittelalter kamen dann Maria und später auch Josef hinzu.

Kaiser Joseph II. (1741–1790) verbannte die Krippen im Zuge der Aufklärung und Säkularisierung aus Kirchen und Klöstern. Doch gerade dadurch wurde der Krippenbau im 18. Jahrhundert erst so richtig beliebt, denn die Gläubigen wollten nun zu Hause eine Krippe haben und schufen sich ihre eigenen Exemplare. Im Salzburger Land gab es richtige Künstler, die ihr Können und Wissen gerne weitergaben. Traditionell wird die Krippe mit der Heiligen Familie am 24. Dezember aufgestellt, am 6. Jänner gesellen sich die Heiligen Drei Könige dazu. Erst zu Lichtmess am 2. Februar wird das Ensemble wieder abgeräumt.

In Salzburg gibt es in vielen Orten Krippenbauvereine, bei denen handwerkliche Tipps weitergegeben werden. Die Ergebnisse zeigt man vor Weihnachten in Krippenschauen. Ein herrliches Vergnügen, bei dem Kinder und Enkelkinder große glänzende Augen bekommen.

Die Krippe meiner Oma ist in Radstadt geblieben, als ich wegzog. In Filzmoos hatte ich dann einen Koch aus dem Pinzgau und sein Vater hat mir einmal zu Weihnachten eine Krippe gebracht. Ein Holzhaus mit Schindeln, mit Figuren und Viecherln, so wie in der Kirche, nur kleiner. Die haben wir noch immer im Hotel. In unserem Haus stellen wir eine andere Krippe auf, die hat mir die Mutter meiner Schwiegertochter Christina geschenkt. Sie ist ebenfalls aus dem Pinzgau und hat von Klein auf Krippen gebaut.

205

206

Für den Alltag daheim lässt sich ein ganz einfaches Kripperl im Glas basteln. Nicht nach alter Tradition, dafür aber kinderleicht.

DAS BRAUCHT MAN

4 unterschiedliche Stoffreste
3 Holzkugeln (Durchmesser 2 × 25 mm, 1 × 20 mm)
1 großes Einmachglas
Stroh, Band
1 dünner Holzspieß
1 kleiner goldener Stern
Bastel- und Heißkleber
Schere

SO WIRD'S GEMACHT

1. Zuerst drei **Stoffstückerl** in unterschiedlich große Rechtecke schneiden: Für Josef 14 × 10 cm, für Maria 14 × 9 cm und für das Jesuskind 11 × 7 cm. Aus dem vierten Stoffrest einen Kreis ausschneiden mit einem Durchmesser, der 4 cm größer als der Deckelumfang des Einmachglases ist.

2. & 3. Die drei Stoffrechtecke jeweils an einer Längsseite 5 mm umschlagen und den **Umschlag** mit Kleber fixieren.

4. Für jede Figur eine **Kugel** (die kleinere ist für das Jesuskind) etwas links von der Mitte auf dem Umschlag platzieren und festkleben. Jetzt den Stoff zuerst von links und dann von rechts um die Kugel wickeln …

5. … und mit **Kleber** fixieren. Die Stoffunterkante etwas nach innen einschlagen und festkleben. So stehen die Figuren später besser.

6. Die **Figuren** mit Kleber verbinden. Maria und Josef stehen nebeneinander, das Jesuskind liegt schräg über ihrer Mitte. Den Stern oben am Spieß befestigen und diesen seitlich an die Josef-Figur kleben.

7. & 8. Etwas **Stroh** ins Glas geben und die Heilige Familie darauf setzen.

9. Glas verschließen und den Deckel mit dem runden Stoffstück und dem Band verzieren.

In an kloan Krippele

An der Krippe, Weihnachts- und Dreikönigslied

Text und Melodie: Hermann Delacher (1918-2004), Salzburg
Satz: Sebastian H. Unterberger, 2017/1

© Mit freundlicher Genehmigung von Dieter Delacher, Wien

1. In an kloan Krip-pe-le liegt a Kind durch'n Ståll blåst da Wind und die Muat-ta sitzt still da-bei und singt: Hei-hei! und die Muat-ta sitzt still da-bei und singt: Hei-hei!

2. Und die drei Kö-nig vom Mor-gen-land in ihr'm gold'-nen Gwand, jå dia tuan si gschwind nie-da-knian vor da kloan Wiagn. Jå dia tuan si gschwind nie-da-knian vor da kloan Wiagn.

3. Und die dan-tschi-gen En-ga-lan sin-gen eahm se-lig zua, und ü-bas gan-ze Gsich-tal låcht da kloa Bua. Und ü-bas gan-ze Gsich-tal låcht da kloa Bua.

KRIPPE

Ich habe, wenn man es
genau betrachtet, keine einzige brauchbare
Krippe zustande gebracht.

Eine Geschichte von
Walter Müller

Als Krippenbauer, ich gebe es zu, hab ich vollkommen versagt. Mega-Niete sozusagen. Wobei der Stall gar nicht das Problem gewesen wäre. Windschief und unvollkommen wird wohl auch jener von Bethlehem gewesen sein. Mein Problem war das Personal. Meine Krippenfigürchen, denn versucht habe ich es jede Adventzeit von Neuem, haben niemandem ähnlich gesehen, schon gar keinen weihnachtlichen Gestalten. Keinem Josef und keiner Maria.Die Plastilin-Schafe schauten wie Ferkel aus, die Hirten wie Indianer.

Großmutter, in ihrer gütigen Art, sagte manchmal: »Der Wille gilt fürs Werk!« Heutzutage heißt das: Der Weg ist das Ziel! Egal, was am Ende herauskommt, Hauptsache: du bist mit dem Herzen dabei. Und ich war mit dem Herzen dabei. Auch noch in der Laubsägezeit, als ich für ein einziges Schaf, das dann doch wieder wie ein Ferkel ausschaute, ein halbes Dutzend Sägeblätter ruinierte. Dass Gott mir zwei linke Hände gegeben hat, sag ich mir heute, wird wohl einen tieferen Sinn haben. Fragt mich nicht, welchen.

Dann kam der Advent, in dem ich resignierte. Kein neuer Versuch, mit eigener, ungeschickter Hand hirtenähnliche Knaben zu formen, zu schneiden oder zu schnitzen. Ich stellte gleich meine echten Spielzeug-Indianer, die ich mir damals zu jeder Gelegenheit schenken ließ, in den abbruchreifen Stall. Der Rest der Familie schüttelte den Kopf und betrachtete umso inbrünstiger die andere Krippe, denn wir hatten die Jahre hindurch immer auch eine andere, eine offizielle Krippe, mit Hirten und Schafen, Josef, Maria und so. Sehr hübsch, sehr heilig, sehr langweilig, für meinen Begriff. Meine Privatkrippe mit den Indianern blieb im Kinderzimmer, und die paar Besucher, denen ich sie zeigte, strichen mir jedes Mal über den Kopf und seufzten dabei leise. Nach den Indianern kamen die Tippkick-Fußballer. Ihr kennt diese fingergroßen puppenartigen Figuren, die das Bein elegant nach vorne schnalzen, wenn man auf den Knopf auf ihrem Kopf drückt. Und der kleine Fußball fliegt dann jedes Mal ins Tor oder vom Tisch unter die Couch. Wenn man am Knopf am Kopf aber anzieht, dann klappt der Tippkicker das Schussbein ein, als möchte er das Knie beugen ... Vor einem hohen Herrn oder einem göttlichen Kind beispielsweise. Wer, frage ich euch, würde besser in den heiligen Stall passen!?

Die Krippe, meine merkwürdige, ich gebe zu: wohl ein bisschen alberne Krippe, gibt es nicht mehr, und meine Indianer und Kicker habe ich längst hergeschenkt. Aber ich schwöre euch: jedes Mal, wenn ich im Stadion oder auf dem Fernsehschirm einen Fußballer zu Gesicht bekomme, steigen sogleich tausend fromme Adventgedanken in mir auf, wie sie in euch aufsteigen würden, wenn euch ein Hirte über den Weg läuft. Was ja hundertmal seltener der Fall ist. Meine Krippenfiguren, könnte man sagen, werden nicht Rüapl, Xaver und Lippei gerufen, sondern Berisha, Wöber und Okugawa. In jenen Tagen, da Adi Hütter unser Trainer war, wobei, wie ihr alle wisst, Hütter von Hüter und Hüter von Hirte abstammt, dachte ich sowieso nur mehr an die Schafe und den Engel des Herrn, das ganze Jahr über. Und als Timo Ochs im Tor stand! Ein Ochs im Scheunentor! Wo sind die Zeiten! Das heißt: der letzte Trainer hat auch himmlisch in meine Krippenträume gepasst: Rose, Marco Rose – »es ist ein Rose entsprungen / aus einer Wurzel zart / wie uns die Alten sungen / von Jesse kam die Art!« Von Jesse, Jesse Marsch! Weihnachtlicher geht's nicht mehr! »O Haaland, reiß die Himmel auf!« Wir haben auch noch einen durch und durch adventtauglichen Reserve-Torhüter! Walke!!! Alexander Walke! Man walke einen Mürbteig und steche mit den Keksformen Sterne, Monde oder Engel aus! Ich verrate euch, weil Weihnachten ist, ein Geheimnis. Wisst ihr, was »Ramalho«, das ist ja portugiesisch-brasilianisch, auf Deutsch bedeutet? »Abgebrochener Zweig«! Vom Christbaum natürlich. Oder? Wenn sich jetzt noch Ulmer in Tanner oder Fichter umtaufen lässt ... in dulci jubilo!!! Oder Gulácsi in Würstelsuppi. Das heißt: da müsste man ja nach Leipzig reisen.

Also Freunde: Wenn im nächsten Frühling oder im Herbst Onguéné oder Szoboszlai absichtlich oder unabsichtlich eine »Kerze« in den Himmel kickt und ihr nach oben in die Sterne der Flutlichtanlage schaut, denkt euch ruhig: »Halleluja!« Aber nur so für euch. Muss ja nicht jeder hören, wie adventlich gestimmt ihr seid! — ✵

Mein Weihnachtsmenü

Wie Weihnachten schmeckt

von Walter Müller

Wie Weihnachten schmeckt?
Wie ein Sternenkonfekt,
Wie ein Braten im Herd,
Zuckerguss-Schaukelpferd,
wilder Honig im Tann,
Kinderglücksmarzipan,
wie ein Feigenkaffee,
damals im Jahre Schnee.
Was hast du so entdeckt,
wie Weihnachten schmeckt?

    Wie ein Lebkuchenstern,
    Pflaumenmus (ohne Kern!)
    Omas Eierlikör,
    schwarze Perlen vom Stör,
    wie ein Fingerhut Punsch,
    wie ein Christkindlwunsch,
    aus dem Fenster gepflückt,
    mit Korinthen bestückt,
    Was hast du so entdeckt,
    wie Weihnachten schmeckt?

    Wie nach Windbäckerei,
    siebzig Kekse für zwei,
    wie ein Goldflügelschaum,
    Rosenblüten im Traum,
    Mettenwürste mit Brot,
    ach, ein Keks in der Not!
    Wie ein »Kommt bitte rein!
    Keiner bleibt heut' allein!«
    Unser Tisch ist gedeckt ...
    dass euch Weihnachten schmeckt!

221

Geräucherter Alpenlachs
mit Frischkäse

ZUTATEN

300 g geräucherter Alpenlachs in kleinen Stücken (alternativ: geräucherter Lachs oder geräucherte Forelle)

50 g Frischkäse

2 EL Crème fraîche

1 EL Estragon oder Dille, fein geschnitten

1 EL Zitronensaft

1 Prise Fischgewürz*

50 g Olivenöl

Forellenkaviar und Wildkräuter zum Garnieren

ZUBEREITUNG

Den Alpenlachs mit Frischkäse, Crème fraîche, Estragon oder Dille, Zitronensaft und Fischgewürz vermengen.

In kleinen Schüsseln verteilen, mit Olivenöl beträufeln, mit Forellenkaviar und Wildkräutern garnieren.

Mit getoastetem Weißbrot servieren.

Selleriecremesuppe

ZUTATEN

Suppe

300 g Sellerie, geschält und in kleine Würfel geschnitten
1,5 l Gemüsefond
⅛ l Weißwein
⅛ l Obers
Steinsalz
1 Spritzer Zitronensaft
je 1 Prise Muskatnuss und Zimt
1 TL Honig

Garnitur

2 EL Crème fraîche
2 EL frische Petersilie
Blüten und Selleriechips

ZUBEREITUNG

Sellerie mit Gemüsefond und Weißwein bei mittlerer Hitze garen.

Obers unterrühren, 2–3 Minuten weiterkochen, fein pürieren und mit den Gewürzen abschmecken.

Suppe anrichten, mit Selleriechips und Blüten garnieren.

228

Confierte Entenhaxerl
mit Grießknödel und Maroni

ZUTATEN

Confierte Entenhaxerl
4 EL Honig
2 TL Wacholderbeeren
Bauerngartensalz*
Bunter Bergpfeffer*
8 Entenhaxerl
4 Zwiebeln, geschält
Bauerngartensalz*
2 EL Thymian, getrocknet
100 g Maroni, vorgegart

Grießknödel
½ l Milch
120 g cremige Butter
200 g Weizengrieß
4 Eier
150 g Weißbrotwürfel
Bauerngartensalz*
Muskatnuss, gerieben

Essigzwetschken
½ EL Maizena
⅛ l Johannisbeersaft
1–2 EL Zucker
¼ l trockenen Rotwein
(oder Saft vom Kompott)
½ kg Zwetschken
(oder Zwetschkenkompott)
Süße Küche*
je 1 TL Balsamico
und Weißweinessig

ZUBEREITUNG

Confierte Entenhaxerl

Honig mit fein gehackten Wacholderbeeren und Pfeffer kurz erwärmen.

Entenhaxerl damit einreiben und über Nacht zugedeckt kaltstellen.

Zwiebeln halbieren, in dünne Streifen schneiden, mit Salz und Thymian vermengen und in einen Schmortopf geben. Marinierte Haxerl darauflegen und würzen, bei 140 °C etwa 2 Stunden weich schmoren.

Maroni zugeben, Backrohr ausschalten und 10 Minuten rasten lassen.

Grießknödel

Milch mit Butter und Grieß aufkochen, 5 Minuten leicht köcheln, dann abkühlen lassen.

Eier und Weißbrotwürfel einarbeiten, mit Salz und Muskatnuss abschmecken, 30 Minuten rasten lassen.

Knödelmasse in einen Dressiersack füllen und auf eine Klarsichtfolie aufspritzen. Fest einrollen. Mit einem Zahnstocher 4 kleine Löcher stechen, damit die Luft entweichen kann. In leicht köchelndem Wasser ca. 30 Minuten ziehen lassen, bis die Masse fest wird. Auspacken, in Scheiben schneiden und servieren.

Essigzwetschken

Maizena mit 50 g vom kalten Saft anrühren.

Zucker karamellisieren, mit Wein und dem restlichen Saft ablöschen. Zwetschken zugeben, mit Süße-Küche-Gewürz, Balsamico und Essig süß-säuerlich abschmecken. Auf Biss garen.

Zum Schluss mit Maizena binden.

Aus dieser Masse mache ich sonst meinen Adventgugelhupf. »Omas weltbester Schokoladengugelhupf«, sagen dazu meine Enkel, und schon für meine Kinder war das ihr Lieblingskuchen.

Weihnachtliche Schokotorte

ZUTATEN

cremige Butter und Brösel für die Form

Schokomasse
- 120 g Butter
- 120 g Zartbitterschokolade
- 8 Eiklar
- 120 g Kristallzucker
- 120 g Mehl, glatt
- 1 EL Kakaopulver, gesiebt
- 1 TL Zimt
- 1 TL Tonkabohne
- 1 TL Backpulver

Schokoglasur
- 1 Becher weiße Schokoladenglasur
- ev. einige Tropfen Öl

ZUBEREITUNG

Backrohr auf 160 °C Ober-/Unterhitze vorheizen. Tortenform mit Butter einfetten und mit Brösel ausstreuen.

Butter und Schokolade in grobe Stücke schneiden und über Wasserbad langsam schmelzen.

Eiklar mit Zucker in der Küchenmaschine cremig aufschlagen, bis sich Spitzen bilden (Vogelnasen).

Butter-Schokomischung vorsichtig unterheben.

Mehl mit Kakao, Zimt, Tonkabohne und Backpulver versieben, nach und nach locker unter die Schokomasse heben. In die vorbereitete Form füllen und ca. 40–45 Minuten backen. (Nadelprobe machen: Wenn kein Teig mehr kleben bleibt, ist die Torte fertig). Auskühlen lassen, dann auf eine Platte stürzen.

Weiße Schokoglasur erwärmen, eventuell ein paar Tropfen Öl hinzufügen und die Torte glasieren.

Weihnachtliche Dekoration:
Zum Beispiel Mürbteigkekse mit Zitronenglasur überziehen.

GEWÜRZ-FIBEL

✷

Die mit * bezeichneten Gewürze in den Zutatenlisten sind von mir zusammengestellte Mischungen in Bio-Qualität. Ich habe sie mit viel Liebe, meiner jahrelangen Erfahrung als Köchin und meinem Wissen als TEH-Praktikerin so gewählt, dass sie dem Körper guttun und im Einklang mit den fünf Elementen (süß, sauer, scharf, herb, bitter) wohltuend wirken. Sie sind bei mir in Filzmoos und über meine Homepage dasmaier.at erhältlich. Sie können aber in den Rezepten durch herkömmliche Gewürze ersetzt werden.

Bauerngartensalz
Ich wollte ein Salz für den Alltag entwickeln, das mehr Geschmack und weniger Natrium in die Gerichte bringt. **Es enthält:** Steinsalz, Schnittlauch, Petersilie, Liebstöckel, Bärlauch, Quendel, Oregano, Holunderblüten, Ringelblumen, Angelikawurzel

Gute Rindsuppe
Suppenpulver ist eine günstige, zeitsparende Alternative zur frisch gekochten Rindsuppe und ideal für die Vorratshaltung. **Es enthält:** Steinsalz, Traubenzucker, Rindfleischextrakt, Speisewürze (Basis Mais/Raps), Zucker, Hefeextrakt, modifizierte Stärke, Rapsöl, Kukurmawurzel, Wacholderbeeren, Lorbeerblätter, Koriander, Muskatblüte, Zitronensäure

Süße Küche
Meine »Süße Küche« ist ein Wohlfühlgewürz für alle Menschen, für die der Duft von Zimt und Vanille auch Liebe und Geborgenheit bedeutet. **Es enthält:** Zucker, Zimt, Piment, Gewürznelke, Sternanis, natürliches Bourbon-Vanille-Extrakt, Bourbon-Vanille gemahlen

Orientalisches Habibi
Nichts ist für Feinschmecker so schillernd, betörend und atemberaubend wie der Duft eines Gewürzmarktes im fernen Orient. **Es enthält:** Steinsalz, Kurkuma, Koriander, Ingwer, Zwiebel, Senf, Paprika, Bockshornklee, Kümmel, Knoblauch, Muskatnuss, Rosmarin, Zimt, Piment, Chili, Fenchel, Pfeffer, Nelken, Oregano, Majoran, Kreuzkümmel, Anis, Vanillin

Ayurvedisches Masala
Die Gewürzmischung Masala ist das Herz der indischen Küche, jede Familie hat ihr eigenes Rezept dafür. In meiner Mischung bildet ein jahrtausendealtes ayurvedisches Gewürz die Basis: der Bockshornklee. **Es enthält:** Steinsalz, Bockshornklee, Szechuanpfeffer, Koriander, Ingwer, Pfeffer, Kreuzkümmel, Kardamom

Wildgewürz
Aromen und Holznoten, die auch im Wald vorkommen, harmonieren am besten mit dem charakteristischen Wildgeschmack. **Es enthält:** Koriander, Piment, Pfeffer, Wacholder, Zimt

Mediterranes Gewürz
Die mediterrane Küche lebt von ihren aromatischen Kräutern, die den Duft und die Leichtigkeit des sonnigen Südens verströmen. **Es enthält:** Tomaten, Steinsalz, Paprika (rot und grün), Oregano, rosa Beeren, Basilikum, Zwiebel, Chili, Koriander, Rosmarin, Thymian

Bunter Bergpfeffer
Eine lebhafte, facettenreiche Pfeffermischung, die sich mit Frische elegant in jede Speise fügt. **Es enthält:** schwarze Pfefferkörner, weiße Pfefferkörner, rosa Beeren, grüne Pfefferkörner, Szechuanpfeffer

Fischgewürz
Dabei war mir eine maritime Kräuter-Zitrusnote wichtig, die nicht zu dominant ist und auch mit hellem Fleisch, Gemüse, Geflügel, Teigwaren und Tofu harmoniert. **Es enthält:** Steinsalz, Pfeffer (schwarz, weiß, grün), rosa Beeren, Petersilie, Thymian, Rosmarin, Estragon, Knoblauch, natürliches Zitronenextrakt

Fleischgewürz
Das elegante Gewürz verwöhnt jede Art von Fleisch und eignet sich für alle Zubereitungsarten.
Es enthält: Steinsalz, Pfeffer, rosa Beeren, Koriander, Piment, Kümmel, Lorbeer, Myrte, Nelken

Salatgewürz
Für Salat gibt es fast nichts Besseres als das Aroma von getrockneten Tomaten. Abgerundet mit vertrauten Kräutern bringen sie Vielseitigkeit ins Dressing. **Es enthält:** Tomaten, Steinsalz, Paprika, Hibiskus, Petersilie, Bärlauch, Dille, Schnittlauch, Zwiebel, Myrte, Rohrzucker

Kurkuma Latte
Die »Goldene Milch« gilt in der ayurvedischen Lehre seit Jahrhunderten als anregendes und balsamisches Getränk. **Es enthält:** Kurkumawurzel, Muskatnuss, Zimt, Macisblüte, Pfeffer, Bourbon-Vanille, Salz

REZEPTE

Apfelbrioche
128

—

Beschwipste Schokolade
164

—

Buchteln
mit Sauerkirschenkompott
24

—

Confierte Entenhaxerl mit
Grießknödel und Maroni
228

—

Filzmooser Bauernbratl
106

—

Filzmooser Roggenbrot
184

—

Gebackener Gewürzfisch
78

—

Geräucherter Alpenlachs
222

—

Geschmorter
Reh- oder Rinderbraten
104

—

Himbeer-Herzen
159

—

Ingwer-Zitronenkuchen
200

—

Kasnocken mit Röstzwiebeln
38

—

Knäckebrot
196

—

Kokosbusserl
158

—

Krautfleckerl
46

—

Kurkuma Latte
164

—

Mandel-Karotten-Aufstrich
196

—

Mettensuppe
20

—

Mohnstangerl
160

—

Nussschnaps
42

—

Rote-Linsen-Suppe
72

—

Rote-Rüben-Aufstrich
196

—

Schaumrollen
161

—

Schneegestöber
126

—

Schokowürfel
157

—

Selleriecremesuppe
224

—

Süßkartoffelragout
110

—

Vanillekipferl
156

—

Weihnachtliche Schokotorte
232

—

Wermut
92

—

Winter-Wohlfühl-Tee
52

—

Ziegenkäse mit
Haselnuss-Quendel-Honig
188

—

LIEDER

Gott grüaß enk, Leutln!
50

Heilige Barbara
87

Heißa, Buama, stehts g'schwind auf
36

In an kloan Krippele
209

Kling, Glöckchen, klingelingeling
152

Schneeflöckchen, Weißröckchen
133

Stille Nacht! Heilige Nacht!
179

BASTEL-ANLEITUNGEN

Adventkranz
90

Bienenwachskerzen
96

Christbaumschmuck
102

Duftorangen
44

Duftsackerl
122

Eiskerzen
190

Geschenkpapier, bedruckt
180

Kerzenhalter aus Rinde
194

Kripperl im Glas
206

Lebkuchenhaus
166

Lebkuchenmobile
74

Strohsterne
28

Türschmuck
112

Vogelfutter
172

MEINE WEIHNACHTEN – MEINE FAMILIE

Danke, Oma! Du hast mein Weihnachten geprägt. Dein Weihnachten war und ist mein Weihnachten. Damals hast du mich riechen und schmecken gelehrt, hast mir gezeigt, was den Zauber von Weihnachten eigentlich ausmacht und hast mir mein eigenes Wintermärchen geschenkt. Und dann habe ich im Laufe meines Lebens aus deinem Weihnachten mein eigenes Fest der Liebe gebaut. Zuerst wurde aus meinem Weihnachten ein »unser« Weihnachten mit meinem Mann Dietmar. Und dann wurde es ein immer größeres Fest mit allen unseren Kindern. Simone & Markus, Tobias & Elisabeth, Dietmar & Christine und Johannes. Ich danke euch allen – meiner Familie – die ihr mich zu diesem Buch inspiriert habt. Vor allem meinen Enkelkindern Sophie, Marie, Simon, Jonas, Lukas, Alexander & Paul, die mich mit dem Leuchten in ihren Augen Weihnachten noch intensiver spüren lassen.

Und ohne Adrian, Anni, Christoph, Erik, Gabi, Gabor, Helge, Sandra, Susi, Theresa, Trude und Uschi wäre das Buch niemals so gut gelungen –

Danke euch allen!